愛情福利社

【25個愛情法律麵包】

作者◎錢世傑（法律小屋工作室）

本書諮詢補充資料區 http:// blog.chir

U0072027

範例

WHY+HOW

十力
文化

男女問題，永遠是一個難解的謎

本書從兩性發展的流程切入，介紹一對正常男女交往過程中，可能面臨到的法律問題。除了Part I 兩性社會實境篇，是討論一些性侵害、性騷擾、職場兩性等社會事件外，其餘Part II到Part VI，依序從交往、訂婚、結婚、繼承與離婚等五大議題，進行更種可能性的探討。

這是一本實用性的工具書

坊間有許多兩性法律用書，大都僅介紹兩性間的法律知識，但卻沒有分享當事人該如何一步一步地去做。

有鑑於此，筆者以輕鬆的筆調，從知名的社會寫實案例，導引讀者學習兩性基本法律觀念外，還利用大量的圖、表、訴狀範例，讓讀者不但能瞭解問題，還能解決問題。

尤其是訴狀範例，還更加上重點說明，讓範例不再只是不知如何參考的範例，而是可以依樣畫葫蘆的內容。

這是一本教你W+H的書

一本好的法律書，應該要具備W+H，W是Why，也就是教你法律知識，H是指How to do，教你如何做。不過，How to do，還要像是家庭法律顧問一般，陪在讀者的身旁，從讀者的角度進

行各種方案的利弊分析。例如離婚婦女爭取監護權，是否真的有利呢？離婚後是否經濟上能夠負擔？這些都是必須提醒的事項。

因此，作者從多年協助男女兩性爭取權利的角度，除了教導基礎兩性法律知識、提供實際範例外，還提出自己真誠的建議，讓讀者能夠做出最佳的判斷。

將法律文字變成生動的圖表

傳統的法律書籍，總是喜歡使用詰屈聱牙的文字，突顯自己的專業素養。因此，法律書籍總是讓人望而生畏，無法成為幫助人的書籍。

有鑑於此，本文總共設計了25張圖、9張表、20個訴狀範例，簡單易懂，且都附上簡單的說明文字。尤其是加上內容說明的訴狀範本，打破過去法律書籍只給範例、不給說明的缺點，讓讀者能輕鬆上手。

給你一條魚，不如給你一根釣竿

找尋法律條文

法律條文及法院判決是學習法律最基本的二大法寶。

例如打離婚官司，如果不知道法律允許哪些離婚的情況，又要如何打官司呢？

如果知道是判決離婚的依據是民法第1052條，條文內容是什麼呢？

以下將以簡單的四個步驟，教你如何找到想要的法律條文。

STEP 01

連上全國法規資料庫

http://law.moj.gov.tw

STEP 02

點選「法規檢索」

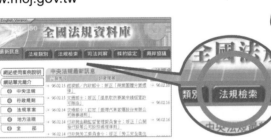

STEP 03

輸入關鍵字查詢，例如輸入「民法」，點選開始查詢

STEP 04

找到所要的法條

找尋法院判決

　　參考其他法院判決，可以得知相類似的案件，法院的見解為何？並且以過去法院判決的脈絡，找出自己的案件該如何主張，才會得到最有利的結果。以下將以簡單的四個步驟，教你如何找到想要的法院判決。

STEP 01

連上司法院法學資料檢索

http://jirs.judicial.gov.tw/

STEP 02

點選「裁判書查詢」

STEP 03

輸入關鍵字查詢，由上而下，依序選擇所要查詢的法院名稱、裁判類別，本例為輸入「車禍賠償」，點選查詢即可。

STEP 04

找到相關判決，點選連結，即可看到判決內容。

目錄

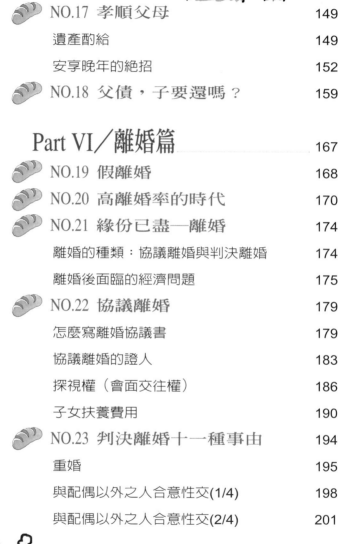

Part I
兩性社會實境篇

性侵害

性侵害是「非告訴乃論罪」

實·案·追·緝

■ **性侵談判地點在警局，實在有夠誇張！**

　　常常看到許多書中，建議和解談判時，應該選擇派出所、鄉鎮調解委員會等地方，這樣子比較有公信力，對方也才不會翻臉不認帳。可是，有些案件卻不適合到派出所進行和解的談判，讓我們先來看這一起案件：

　　戴姓男子，是某汽車駕訓班的教練，邀約女學員參加通過駕照考試慶功聚會。事後以酒醉不能駕車，必須先到汽車旅館休息為由，將一名女學員載到汽車旅館。

　　然後，戴姓男子開始不安分，向女方表示，若褲子太緊不舒服，可以脫下，還詢問旅館是否有色情頻道可供觀看，最後慾火難耐，將女學員壓在床上，撫摸胸部，經嚴詞警告，他才停止動作。被害女學員旋即撥電話向友人求助，逃出汽車旅館返家。

事後雙方相約協商賠償金不成，第二次相約到派出所談判。警方發現戴姓男子已經觸犯妨害性自主罪，此罪屬於「非告訴乃論罪」，偵訊後，逐將戴姓男子移送法辦。

法·令·分·析

一、戴姓男子觸犯什麼罪？

戴姓男子所為，觸犯刑法第16章妨害性自主罪中的第221條罪名，條文內容如下：

【刑法第221條】 ....

> 對於男女以**強暴**、脅迫、恐嚇、催眠術或其他違反其意願之方法而為性交者，處三年以上十年以下有期徒刑。
>
> 前項之未遂犯罰之。

....

■ 公訴與非告訴乃論的差別

過去本條犯罪屬於告訴乃論，也就是「有告，警方才能辦；不告，警方不能辦」。但是，許多婦女囿於名譽的考量，擔心向警方提出告訴後，傳出去將難以做人，所以不願提出告訴，很多性侵害犯罪者無法繩之以法。因此，逐修法改成非告訴乃論罪，警方發現此種犯罪行為，不必當事人提出告訴，就可以主動偵辦，移送檢方偵查起訴。

至於媒體記者常常誤稱之為「公訴罪」，實際上稱之為「公訴」較為妥當，相對名詞是「自訴」，公訴罪是指檢察官代表國家，將犯罪涉嫌人起訴。自訴，則是指不透過檢察官，自行對被告向法院提出訴訟。

因此，公訴、自訴，以及告訴乃論、非告訴乃論，是兩者風馬牛不相及的概念。

二、戴姓男子既遂還是未遂

戴姓男子將女學員壓在床上，撫摸胸部，屬於已著手於本條犯罪行為。經女學員嚴詞警告，他才停止動作，故屬於未遂犯。

哪一種未遂犯呢？

戴姓男子，有可能成立第27條的中止未遂犯，減輕或免除其刑。

【刑法第27條第1項前段】............................

　　已著手於犯罪行為之實行，而因<u>己意中止</u>或防止其結果之發生者，減輕或免除其刑。

....

法律達人的建議

若男方想要強來，應嚴詞拒絕，千萬不要欲拒還迎。若情況危急，應立即使出各式武林絕學，即便傷害對方，只要不過當，也屬正當防衛。

【刑法第23條正當防衛 】

　　對於現在不法之侵害，而出於防衛自己或他人權利之行為，不罰。但防衛行為過當者，得減輕或免除其刑。

　　戴姓男子找錯地方進行和解談判，當然被警方逮個正著，移送法辦，根本就是白目加上罪有應得，實在是活該。

	妨害性自主罪	準妨害性自主罪	與14歲以上未滿16歲女子為性交罪
成立要件	對象：男女皆可 手段：強暴、脅迫、恐嚇、催眠術或其他違反其意願之方法而為性交 法條：刑法第221條	對象：未滿14歲之男女 手段：性交即可 法條：刑法第227條第1項	對象：14歲以上未滿16歲之男女 手段：性交即可 法條：刑法第227條第1項
告訴乃論	非告訴乃論	原則非告訴乃論，例外未滿18歲之人犯罪者，則為告訴乃論	原則非告訴乃論，例外未滿18歲之人犯罪者，則為告訴乃論
刑責	3年以上10年以下有期徒刑	3年以上10年以下有期徒刑 18歲以下之人犯罪者，減輕或免除其刑	7年以下有期徒刑 18歲以下之人犯罪者，減輕或免除其刑
舉例	如本文戴姓男子之案例	17歲的阿強愛上剛唸國中的阿花，兩人兩情相悅進而發生性關係。阿花的父母知悉此事，要對阿強提出告訴。事後阿強願意迎娶阿花，女方撤回告訴	17歲學生建中愛上隔壁校的15歲學生景美，兩人發生關係，景美的父母知悉此事，要對建中提出告訴。事後雙方和解，賠償女方50萬元，女方撤回告訴

用騙的，成立性侵害嗎？

■ 醉女上錯床 他將錯就錯

　　一位女大學生喝醉了酒，遂與一位高姓男子，共同借宿男友家。酒精催化下想同男友親熱，於是跑到男友房間，二話不說就把衣服脫下，抱住男友開始親熱。

　　雖然感覺有點兒不太對，但是也不以爲意，結束後，才發現根本不是自己的男友。於是大喊：「你不是我男友，你是小高！」呼喊聲立刻吵醒在客廳中酒醉的男友，男友衝到房間一看，見到她和友人全身赤裸，當場傻眼。

　　女大學生氣憤難耐，堅持提出告訴。高姓男子辯稱，當時醉倒床上，沒多久就發現女學生爬上床來，他雖然驚訝，但也將錯就錯。警方遂依妨害性自主罪嫌，將高姓男子移送地檢署偵辦。

法·令·分·析

　　看完這則新聞後，各位看倌認爲高姓男子犯了什麼罪名呢？

一、妨害性自主罪：

【刑法第221條第1項的妨害性自主罪】················

> 刑法第221條
>
> 對於男女以強暴、脅迫、恐嚇、催眠術或其他違反其
> 意願之方法而為性交者，處三年以上十年以下有期徒刑。
>
> 前項之未遂犯罰之。

··

　　女大學生自己跳上床，高姓男子並沒有拿皮鞭、武器等用具，以強暴、脅迫、恐嚇、催眠術，或有其他違反其意願之方法，讓女大學生與之性交。因此，似乎並不構成本罪。

二、以身心殘障為對象之妨害性自主罪：

【刑法第225條第1項規定】················

> 　　對於男女利用其精神、身體障礙、心智缺陷或其他相
> 類之情形，不能或不知抗拒而為性交者，處三年以上十年
> 以下有期徒刑。

··

　　例如對於植物人或重度智力、肢體障礙者，因為不能或不知抗拒而為性交者，就會成立本罪。

　　如果喝到爛醉，高姓男子趁機與女大學生做那檔子事，可能會構成「其他相類之情形」而成立本罪。但是本件案例，女大學生似乎根本就沒有不能或不知抗拒的情況。反而是該名男子若爛醉如泥，說不定這名女子有可能成立本罪。

三、詐術誤信配偶而為妨害性自主罪：

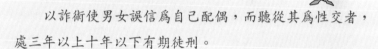

【刑法第229條第1項規定】

> 以詐術使男女誤信為自己配偶，而聽從其為性交者，處三年以上十年以下有期徒刑。

　　不過，高姓男子似乎什麼都沒做，躺在女大學生男友的床上，就是施行詐術嗎？似乎也不能這樣說。若是高姓男子在女大學生男友的床上，假冒其男友的聲音，對著女大學生說：「我是妳男友，我是妳男友，快來吧！」那就有可能是施用詐術。

　　即便如此，法條規定要假冒配偶，男友還不是配偶，恐怕……還是難以成立本罪。

　　再舉一個電影的案例，變臉（Face Off）這部片，由約翰屈伏塔主演的FBI高級探員尚亞瑟，經過一番努力逮捕惡徒凱斯特洛依。因凱斯特洛依已經昏迷不醒，其弟不肯透露炸彈安裝位置，逐由尚亞瑟透過最新科技「變臉」的技術，偽裝凱斯特洛依，混入犯罪集團中。

　　但凱斯特洛依居然醒來，將知悉變臉此事之醫生與FBI幹員殺掉，假冒FBI高級探員的身分，甚至於與不知情的尚亞瑟太太過著正常的夫妻生活。最後，罪犯當然無法逍遙法外，尚亞瑟也終於將歹徒繩之以法，回復原本正義使者的身分。若歹徒依然在世，尚亞瑟的太太應可控告凱斯特洛依觸犯本罪名。

總之，喝醉酒，眼睛記得睜大一點。要做那檔事情之前，請記得問一下「你是誰？」

🕶 法律達人的建議

妨害性自主罪章中，除了刑法第221條使用強暴、脅迫、催眠等違反其意願的手段外，對於有些並未違反其意願，或者是受害者難以表達意願之情況，也特別規範禁止之。例如對於身心障礙者、植物人等特殊狀況之保護，或者是因為特殊權勢關係，導致受監督管理的一方，不敢不從，甚至於本文案例所舉的以詐術使男女誤信為自己配偶，都是特殊的妨害性自主之犯罪。

	乘機性交罪	利用權勢性交罪	詐術性交罪
成立要件	對象：男女皆可，具有精神、身體障礙、心智缺陷或其他相類之情形 手段：利用上述情況而為性交 法條：刑法第225條	對象：因親屬、監護、教養、教育、訓練、救濟、醫療、公務、業務或其他相類關係受自己監督、扶助、照護之人 手段：利用權勢性交 法條：刑法第228條	對象：男女皆可 手段：詐術使男女誤信為自己配偶，而聽從其為性交者 法條：刑法第229條
告訴乃論	非告訴乃論	非告訴乃論	非告訴乃論
刑責	3年以上10年以下有期徒刑	6個月以上5年以下有期徒刑	3年以上10年以下有期徒刑
舉例	外籍看戶工如花來台打工，生活寂寞，利用顧主不在的機會，與受看戶的植物人發生性關係	大學教授阿輝利用其審查其指導學生阿花碩士論文的機會，要求阿花與之發生性關係，並暗示若不聽從，恐無法畢業。	志明跑到隔壁鄉鎮春嬌的住家，將臥房燈全部關掉，假冒春嬌老公的聲音，然後兩人發生性關係

一線之隔的性侵害與仙人跳

■ 飛來艷福不是福

> 蘇姓男子與女網友相約回到住處觀看影片，遭女方指稱被強帶入房間性侵害得逞。蘇姓男子辯稱是在網路認識女網友，後來相約看MTV，對方主動挑逗摸他下體，且要求發生性關係。蘇姓男子遂帶女網友回家，女網友自行脫去上衣和裙子躺在床上。
>
> 蘇姓男子供稱，女網友主動告訴他的保險套過期，自行拿出另一個幫他戴上，甚至取出潤滑液塗抹在保險套和私處。並指稱女網友並拔他體毛，說要跟她的一起燒，看看兩人是否適合在一起。不料，「辦事」後發現體毛和保險套不見了，對方要求70多萬元和解，但他只有30萬元，雙方談判破裂，鬧到警察局。

依據檢方認定，被害人證詞不符合一般人的認知；若真遭性侵害，焉有主動告知保險套過期，又幫忙對方戴上，且取出潤滑液塗抹，顯然與一般常情有違，認定罪證不足，對蘇某處分不起訴。

■ 先來看看涉及的罪名：

【刑法第221條】

> 對於男女以<u>強暴</u>、脅迫、恐嚇、催眠術或其他違反其
> 意願之方法而為性交者，處三年以上十年以下有期徒刑。
> 前項之未遂犯罰之。

　　若真如檢方所認定的結果，則女方取得體毛及保險套，就
是要蒐集DNA等相關證據，證明確實男女兩人曾發生性行為。
然後，再藉此要脅男方花錢解決，類似於「仙人跳」之手法。

　　這名女子供詞前後不一，說法反覆，導致檢察官認為所言
不實，且應該有承認幫忙戴上保險套及塗抹潤滑液，這種依據
經驗法則，恐怕很難覺得蘇姓男子的行為成立性侵害。

法律達人的建議

　　正所謂「飛來艷遇不是福」，隨便認識網友，未經一定時間
的交往，怎麼知道對方是不是想來個「仙人跳」。

　　總之，男人在精蟲襲腦之際，更應理性冷靜，否則遭控性
侵，心頭上的壓力可是非常大的。

　　面臨訴訟的過程，是非常有壓力的。蘇姓男子很幸運地獲
不起訴處分，但是卻也歷經了將近四個月的時間，承受一定的
訴訟虐待。如果女網友不服提出再議，恐怕還有得熬了。

【檢察官不起訴處分，該怎麼辦？】

檢察官如果認為犯罪事證不足，或者有其他法定事由，而為不起訴處分時。告訴人接受不起訴處分書後，得於七日內以書狀敘述不服之理由，經原檢察官向直接上級法院檢察署檢察長或檢察總長聲請再議。(刑訴§256)

通常原檢察官不會自打嘴巴，都會認為沒有理由，除了會發函給當事人表達無理由之旨，同時還得將該案卷宗及證物送交上級法院檢察署檢察長或檢察總長。若認為有理由，則續行偵查或起訴，無理由時，則駁回再議。對於再議駁回者，得於10日內聲請交付法院審判。(刑訴§257~258-4)

性侵害犯罪防制法

實·案·追·緝

■ 刑事告訴＝二度傷害嗎？

　　聖誕夜，文龍約小英至其住處，一起享用聖誕大餐。餐畢兩人邊看電視邊聊天。漸漸地文龍開始撫摸小英，小英覺得很不舒服，便推開文龍，但文龍毫不理會，最後甚至強行與小英發生性關係。

　　小英不甘受辱，想提出刑事告訴，但又擔心在法庭過程中受到二度傷害，請問小英該怎麼辦？

■ 華岡之狼假釋事件

「華岡之狼」犯下高達25起性侵案件，遭判處17年有期徒刑。華岡之狼承認只要看到長頭髮、有氣質的女孩子就會性衝動。服刑期間，考上台大社工系，引發輿論是否應讓其假釋出獄的論。歷經多次假釋駁回，華岡之狼也放棄了台大的機會。

2007年，華岡之狼還是假釋出獄了。

法·令·分·析

一、認識性侵害犯罪防治法

性侵害犯罪往往會造成受害者身心嚴重的傷害，更可能會在性侵害的陰影下度過一輩子。因此，我國特制定性侵害犯罪防治法，這是專為防治性侵害犯罪及保護被害人權益的一部法律。

二、被害者保障的具體措施

有關被害者保障的部分，主要有性侵害防治中心的成立、醫療院所的保護措施、如何保護被害人的隱私、訴訟程序上的保護、被害人的補助，以及加害人的矯治。

性侵害防治中心
⊙內政部應設性侵害防治委員會
⊙各縣市設性侵害防治中心
⊙提供受害者驗傷、心理諮商、法律諮詢的服務

醫療院所
⊙提供安全及合適之就醫環境
⊙不得無故拒絕診療及開立驗傷診斷
⊙驗傷及取證，應經被害人之同意

被害人補助
⊙補助非屬全民健康保險給付範圍之醫療費用及心理復健費用
⊙補助訴訟費用、律師費用等

訴訟程序保護
⊙委任告訴代理人，並得代替出庭
⊙偵查或審判中，應有專業人士陪同被害人在場
⊙採取隔離措施

隱私權保護
⊙判決書等要公示的文書不可公佈被害者姓名
⊙報章雜誌媒體亦不可以登載足以辨識被害者身分的資訊

加害人矯治
⊙建立全國性侵害加害人之檔案資料
⊙加害人接受接受身心治療或輔導教育（輔以科技設備監控）
⊙仍無效時，予以強制治療

法律達人的建議

　　性侵害視為對他人性自主權的侵犯，不論是男女朋友或夫妻間，只要以強制的手段，都可能觸犯刑法的強制性交罪。文龍與小英雖然是男女朋友的關係，但是文龍還是不能以強制的手段，強迫小英與他發生性關係。

　　小英可以向所屬縣市的性侵害防治中心尋求協助，目前依據性侵害犯罪防治法的規定，對於受害人的保護，無論從驗傷、就醫、訴訟程序、補助、加害人的處置都有完善的配套措施，相較於以往，小英遭到第二次傷害的可能性已經大幅度降低。

　　新一代的兩性關係，應加強彼此之間的尊重與了解，女性要學習自我意識的提升，勇於拒絕；而男性也要認知到當女性拒絕、說「不」的時候，即應給予尊重，不要誤以為是女性說「不」是以退為進的代名詞，而造成錯誤的判斷。

　　華岡之狼的部份，如何在服完刑期後，還能夠透過矯治的機制，降低再犯的可能，也是值得大家關心的議題。

性騷擾

性騷擾，也可以報案嗎？

實・案・追・緝

十歲女孩遭性騷擾，如果是你，你該怎麼辦？

　　一位單親媽媽的十歲女兒，在捷運站附近遭色狼猥褻。媽媽向里長調到路口監視器的錄影帶後，這名媽媽每天都在捷運站等色狼，經半個月的努力，終於等到色狼並拍照存證，想不到派出所的警員們，居然說：「不構成犯罪啦！你要告他什麼？」結果吳媽媽當然無法順利報案，這個色狼也仍然是社會上的一個潛藏危機，不知道誰是下一個受害者。

　　這位媽媽找上了里長，在里長陪同下，再向警方報案，警方的回覆比較積極了：「下次你看到他，打電話給我們，我們會立刻派人去！」結果，這名媽媽主動找上捷運警察合作，終於將歹徒繩之以法。

> 碰到色狼，一定要馬上報警喔！

法·令·分·析

　　據報導，這名歹徒坦承摸女童的臀、胸，真的如同警方第一次所述，不構成犯罪嗎？

　　當然是錯的，相關可能的犯罪，列舉如下：

一、強制猥褻罪

【刑法第224條】

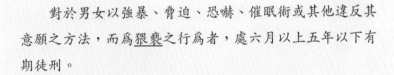

　　對於男女以強暴、脅迫、恐嚇、催眠術或其他違反其意願之方法，而為<u>猥褻</u>之行為者，處六月以上五年以下有期徒刑。

　　法院的見解似乎都離民眾的想法很遠，曾經有認為強吻不成立本罪，引發民間一陣譁然。類似的事件也發生在李察基爾身上，強吻印度女星，遭控公然淫穢罪。

　　實務界曾有「襲胸十秒不構成猥褻」的見解，有一名廚師看到媒體的報導，就放肆地有樣學樣，也在紅綠燈口對一名女子襲胸。經警方循線逮捕後，廚師不但承認是自己所為，還承認有「生理反應」。

　　之前「襲胸十秒不足構成猥褻」的實務見解，主要是因為「猥褻」必須引起加害者的性慾，但是加害者到底有無性慾產生，實在很難判斷。因此，有見解認為在證據不足的情況下，

摸胸部十秒鐘，可能還不夠引起性慾的產生。可是，這位廚師居然承認有「生理反應」，當然就會構成「猥褻」囉！

二、猥褻舉動調戲異性

【社會秩序維護法第83條第3款】

> 有左列各款行為之一者，處新台幣六千元以下罰鍰：
> ❶故意窺視他人臥室、浴室、廁所、更衣室，足以妨害其隱私者。
> ❷於公共場所或公眾得出入之場所，任意裸體或為放蕩之姿勢，而有妨害善良風俗，不聽勸阻者。
> ❸以猥褻之言語、舉動或其他方法，調戲異性者。

三、性騷擾

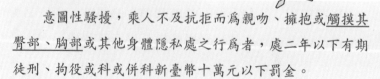

【性騷擾防治法第25條第1項】

> 意圖性騷擾，乘人不及抗拒而為親吻、擁抱或觸摸其臀部、胸部或其他身體隱私處之行為者，處二年以下有期徒刑、拘役或科或併科新臺幣十萬元以下罰金。

本案中，歹徒有觸摸其臀部與胸部的行為，應可構成本條的罪名。

■ 情侶間親吻，是否構成性騷擾？

曾經有人問筆者，情侶間趁其不備偷親，會不會構成性騷擾呢？

這個問題蠻有趣的，基本上要探討什麼是「性騷擾」？

性騷擾必須是違反本人之意願，男女朋友間的親吻行為，正常來說不會違反意願。

所以，原則上不會成立性騷擾。

法律達人的建議

建議警方更積極的說法應該是：「警方將針對你所提供的資料，積極巡邏，希望能再最短的時間內抓到這名色狼。」

如果這種埋伏守候的工作，都讓被害人去做，那很容易被批判。或許可以換個說法：「警方將積極巡邏，若你有看到這名歹徒，也立即與我們聯絡……」這種說法會讓民眾的感受更好。

認識性騷擾

實・案・追・組

■ 睡美人被性騷擾事件

從前有一個小島上的一位國王，也許是生理上有缺陷，一直無法生下小孩，經過多方求診，中藥催生、試管嬰兒，

終於求到一女。興奮之餘，找來當初求神問卜的道士，舉行慶功宴。

但是少請了一位心地邪惡的道士。這位道士面子上掛不住，於是乎就拿草人扎針，詛咒這位公主將在15歲時，被紡織機的針扎到，並且昏睡一百年。愛女心切的國王怕詛咒成真，遂將全國紡織機的針都燒掉。

就這樣光陰似箭、日月如梭，15年很快就過去了，大家也差不多忘記這件事情。公主15歲那天，晃啊晃的，來到一個高塔邊，看到有個婆婆在使用紡織機。其實，這個婆婆就是邪惡的道士變身的，公主沒看過紡織機，好奇心驅使下就靠向前去，卻因此被針扎到，就睡得跟豬一樣。由於鼾聲太大，整個城的人也都跟著睡著了。城堡的外面長出許多厚厚的荊棘，以保護睡著的人不會被欺負。

公主睡覺的故事傳到其他國家，很多王子都想來英雄救美，可是一看到荊棘，卻放棄了。因為，公主只是傳說中的美，如果拼了老命進入城中，卻發現...沒那麼美，那就不符合成本效益。

唉！只能說這些王子還真是沒用的色胚。

故事發展到這裡，其實大家也都知道，有一個國家的王子很喜歡「壯遊」（偉大的旅行），想要挑戰這個高難度的任務。於是乎，就拿著寶劍，慢慢地殺進城堡中，當然故事的結局，就是看到了公主，王子情不自禁地親了公主一下，公主跟整個城堡的居民也都醒了過來。

為了答謝王子相救，大家就慫恿公主嫁給王子，並過著所謂幸福快樂的日子，這就是傳頌數百年的睡美人故事。

🏠 模擬改編情境

讓我們回到王子進入城堡的那一個橋段，如果王子長得比較抱歉，看到漂亮的公主，受不了，不只親了公主的額頭，還強吻三分鐘，心想反正公主不會醒來，手上更是毫不留情地亂抓一通。

沒想到因為口臭太嚴重，居然把公主弄醒了，公主看到長得很抱歉的王子居然對她上下其手，心中非常悲憤，請問公主該怎麼辦呢？以下有四種選擇：

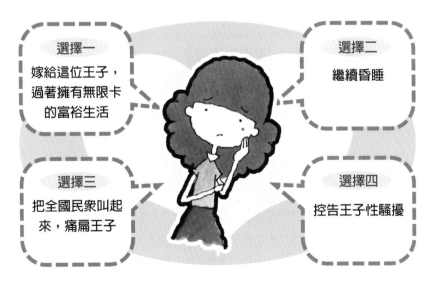

選擇一
嫁給這位王子，
過著擁有無限卡
的富裕生活

選擇二
繼續昏睡

選擇三
把全國民眾叫起
來，痛扁王子

選擇四
控告王子性騷擾

如果：⋯⋯⋯⋯⋯⋯⋯⋯⋯⋯⋯⋯⋯⋯⋯⋯⋯⋯⋯⋯⋯⋯⋯⋯⋯⋯⋯⋯

選擇一：嫁給一個色胚，恐怕不會過著幸福快樂的生活。

選擇二：繼續昏睡，恐怕王子更是有恃無恐，繼續性騷擾。

選擇三：痛扁王子，恐怕會引發兩國戰爭，不過用荊棘圍起來的鎖國政策，倒是一種不錯的政治選擇。

選擇四：有利於法治國的建立，公主也要依法行事，利用法律來保障自己，這是一個好辦法！

法·令·分·析

【性騷擾防治法第2條】⋯⋯⋯⋯⋯⋯⋯⋯⋯⋯⋯⋯⋯⋯⋯⋯⋯⋯

　　本法所稱性騷擾，是指性侵害犯罪以外，對他人實施違反其意願而與性或性別有關之行為，且有下列情形之一者：

❶以該他人順服或拒絕該行為，作為其獲得、喪失或減損與工作、教育、訓練、服務、計畫、活動有關權益之條件。

❷以展示或播送文字、圖畫、聲音、影像或其他物品之方式，或以歧視、侮辱之言行，或以他法，而有損害他人人格尊嚴，或造成使人心生畏怖、感受敵意或冒犯之情境，或不當影響其工作、教育、訓練、服務、計畫、活動或正常生活之進行。

如果構成性騷擾，那會有什麼處罰呢？鞭刑嗎？當然沒那麼誇張啦！又不是新加坡。

依據性騷擾防治法第20條規定，地方政府可以處最高十萬元的罰鍰。如果還有利用權勢，依據第21條規定，還可以加重二分之一。

如果是意圖性騷擾，乘人不及抗拒而為親吻、擁抱或觸摸其臀部、胸部或其他身體私處的行為，則不是罰鍰就可以解決了，可處以二年以下有期徒刑、拘役或科或併科新臺幣十萬元以下罰金。（性騷擾防治法第25條）

法律達人的建議

回到王子的行為，恐怕不是單純罰金可以解決，因為王子乘公主昏睡之際，無法抗拒而亂摸，已經與公主有身體上的接觸，有可能會被判刑關起來的。

所以，如果在辦公室看到可愛的女（男）同事，可不要趁其午休，假裝熟悉，就亂親亂摸，這可是違法行為喔！

亂噴體液也算是性騷擾

實・案・追・緝

■ 那是我打的精液

曾經看到一起新聞報導，捷運站發現一名「潑精之狼」，一位小姐在捷運站內，突然感到衣服及小腿上遭人潑灑不明液

體。過不久，一名男子走到這位小姐的身旁，貼近她的耳朵說：「那是我打出來的（精液）。」

隔了幾天後，終於被捷運警察隊逮獲，嫌犯是一名33歲無業的謝姓男子。謝姓男子辯稱說，那只是他隨口吐出的痰、口水。媒體報導戲稱，「潑精之狼」變成「吐痰之狼」。

若是痰、口水，真不知道這位變態怎麼從嘴巴「打」出來。

到底是不是精液？必須由專業鑑識機構進行鑑定。如果是精液，是不是謝姓男子所有，則必須經由DNA的比對，才能知悉。調查局第六處有提供DNA的比對服務，許多重大案件或親子鑑定等案件，都可以找調查局進行DNA的鑑定（http://www.mjib.gov.tw）

🔍 法·令·分·析

除了鑑定之外，再來探討一下，這名變態犯了什麼罪？

一、刑事責任

據報導，警方還蠻狠的，分別依據刑法第309條公然侮辱罪，違反性騷擾防治法移送法辦。

【刑法第309條規定】

公然侮辱人者，處拘役或三百元以下罰金。

以強暴犯前項之罪者，處一年以下有期徒刑、拘役或五百元以下罰金。

為什麼是公然侮辱？實際上，侮辱，並不以言詞或文字為限，行為也算。所以吐口水，可能也算是公然侮辱。

讀者或許要問，怎麼樣才算是第2項的「強暴」手段呢？

常見的當眾打耳光、污水波人、強拉他人的褲子導致脫落，內褲被看光光、遊街示眾，都屬於強暴手段。

【 性騷擾防治法第20條規定 】 ....

對他人為性騷擾者，由直轄市、縣（市）主管機關處新臺幣一萬元以上十萬元以下罰鍰。

【 性騷擾防治法第25條 第1項規定 】 ....

意圖性騷擾，乘人不及抗拒而為親吻、擁抱或觸摸其臀部、胸部或其他身體隱私處之行為者，處二年以下有期徒刑、拘役或科或併科新臺幣十萬元以下罰金。

....

這二條規定，先前已經介紹過了，不再贅述。

二、行政責任

台北捷運公司也決定對謝嫌在捷運內隨地吐痰的行為，依大眾捷運法罰鍰1500元。

【大眾捷運法第50條第1項第9款】

> 於大眾捷運系統禁煙區內吸煙；或於禁止飲食區內飲食，嚼食口香糖或檳榔經勸阻不聽，或隨地吐痰、檳榔汁、檳榔渣，拋棄紙屑、煙蒂、口香糖、瓜果或其皮、核、汁、渣或其他一般廢棄物。

吐在他人的衣服上，算不算隨地吐痰，如果不是痰，是精液，那怎麼辦？可以算是一般廢棄物嗎？

解釋上應該也可以算是「一般廢棄物」。因為，一般人完成性行為後，通常都丟入垃圾桶或沖入馬桶中，或許與一般廢棄物有相同的待遇。

三、民事責任

如衣服不能再穿了，或必須送洗，這些費用都可以請求賠償；如果是精神上的損害，也可以請求賠償。

■ 如果只是吐口水或吐痰，算不算性騷擾呢？

「性騷擾」定義，先前已經談過。潑精，還未達到性侵害犯罪的程度，可是卻與性有關，也違反受害者的意願，精液，可算是其他物品，放置在他人身上，展示給受害者看，讓受害者感受到心生畏怖、感受敵意或冒犯之情境。

因此，構成性騷擾。

吐口水、吐痰，似乎與性並沒有關係。但是這個變態，居然跑到受害者的耳朵旁邊，補上一句說：「那是我打出來的（精液）。」

讓這名婦女誤以為是精液，而好像是看到精液一樣，同樣地也感受到心生畏怖、感受敵意或冒犯之情境。

因此，也應該構成性騷擾。

法律達人的建議

過去刑法強制猥褻罪，因為「猥褻」要件的關係，比較難成立。但是在性騷擾防治法通過後，將成為防止性騷擾事件的一大利器，對於保障婦女更向前邁進一大步。所以，未來若遇到性騷擾事件，可要好好地打擊惡狼的性騷擾行為。

脫序的司法判決

■ 肋骨非重點，女檢不起訴襲胸郎

曾有一則新聞報導「肋骨非重點　女檢不起訴襲胸狼」，覺得類似於過去一起誇張判決「親吻不算強制猥褻」的翻版。

> 楊小龍某日性起，騎機車經過大寮鄉光明路與光華路口，見年約卅歲的被害女子騎機車經過，一邊騎車，一邊要求與被害女子做朋友。

被害女子拒絕後，楊小龍竟然伸出魔爪，往胸部抓過去，好在被害女子左手擋住，沒讓楊小龍得逞，只抓到左側接近胸部肋骨的地方。

檢察官認為既不成立刑法強制猥褻罪，也不成立性騷擾防治法強制觸摸罪的理由：

楊小龍僅觸及她左胸部的肋骨，未觸碰到她胸部或其他身體隱私處，應未達到足以使人興奮或滿足性慾的程度。

法·令·分·析

首先，刑法強制猥褻罪比較難成立，有大法官解釋第407號的背景，必須要加害人感覺到興奮，所以本文姑且不論述。

但是，有沒有成立性騷擾防治法的強制觸摸罪，先來看一下條文內容：

【 性騷擾防治法第25條第1項規定 】

意圖性騷擾，乘人不及抗拒而為親吻、擁抱或觸摸其臀部、胸部或其他身體隱私處之行為者，處二年以下有期徒刑、拘役或科或併科新臺幣十萬元以下罰金。

楊東龍觸摸「肋骨」，應該算是「其他身體隱私處」。如果不懂什麼意思，建議請自己做個簡單的「免費摸肋骨」實驗，站在馬路上，免費讓大家摸肋骨，相信很多人願意跑來摸的。如果感覺到不舒服，就可以體認到什麼是身體隱私處的意義。

其次，要探討什麼是「意圖性騷擾」？先來看一下對於條文「性騷擾」的定義：

性騷擾必須具備「違反其意願」、「與性或性別有關之行為」，及「造成使人心生畏怖、感受敵意或冒犯之情境」等要件。

1.違反其意願：

被害女子當然不希望被摸，也應該沒有一位女性騎車在路上，願意被騎機車在旁的陌生男子摸吧！

2.與性或性別有關之行為：

如果想要摸胸部與性無關，那性騷擾防治法乾脆廢除掉算了。

3.造成使人心生畏怖、感受敵意或冒犯之情境：

相信這些心生畏怖、感受敵意或冒犯感覺，被害女子應該通通都有。所以，本條罪名並不像刑法強制猥褻罪，必須要加害人興奮或滿足性慾才會成立。意圖性騷擾應該會成立了，不知道檢察官為什麼沒有依據本條罪名起訴？

法律達人的建議

▓ 受害女子心靈上的二次傷害

況且，被害女子願意跳出來提出檢舉，居然還遇到這樣子的不起訴處分，恐怕會造成二次傷害。

為了其他女子的權益，建議被害女子提出「再議」，讓上級檢察署來糾正這個莫名奇妙的不起訴處分。

■ 法律人與社會脫節

現行法官養成制度的問題，攸關國家法治的核心份子—檢察官、法官，許多人都是一畢業就考上，要不然就是畢業後每天唸書，唸到考上，毫無社會經驗可言，不知民間疾苦，導致許多法律上的見解與人民法感情差距過大。

如同報導中引述林姓女子所言：女生被騷擾已很可憐，現在還要讓對方興奮才定罪，「全世界有這種法律嗎？」要興奮才成立，應該是指刑法強制猥褻罪。

檢察官或法官偵查、審理案件，往往與自身經驗有關，例如家裡被偷過的法官，竊賊就別落入其手中，判刑絕不會手軟。筆者一輛三菱汽車Virage1.8曾經被偷，所以如果筆者當法官，對於竊車賊絕對判最重的刑責，而且還不能緩刑。

檢察官下次可以騎機車在馬路上，或許有登徒子也想要來摸一下。有了一次不愉快的經驗，相信對於性騷擾的認知會有不同的體驗，不要說是摸肋骨，就算是只摸到衣服都算是性騷擾了。

愛情法律麵包　NO.3

上網援交、包養

性交易訊息與言論自由

實·案·追·緝

■ 找男包養，台大男移送又犯

　　一名徐姓男同性戀上網路聊天室聊天，張貼以每週二到三萬元價碼，尋找有意包養男同志的訊息，沒想到被警方發現，遂以「老闆」為暱稱上網與徐對話，徐某表示如果有意與他性交易可以約出來見面。

　　雙方相約在台電大樓對面的咖啡店碰面，警方將他逮捕帶回警局偵訊，並且依照違反兒童及少年性交易防制條例罪嫌移送法辦。

法·令·分·析

【兒童及少年性交易防制條例第29條】

　　以廣告物、出版品、廣播、電視、電子訊號、電腦網路或其他媒體，散布、播送或刊登足以引誘、媒介、暗示或其他促使人為性交易之訊息者，處五年以下有期徒刑，得併科新台幣一百萬元以下罰金。

網路雖然具有「匿名」的特性，可以藉由代號掩飾自己的身分。但並不代表網路就是犯罪天堂，仍然必須遵守國家的法令。況且，透過帳號的追查，還是可以得知使用者的真實身分，切莫誤以為網路世界可以為非作歹。

為了避免兒童及少年知悉一些不堪入目的內容，致使小孩子有從事性交易的危險，兒童及少年性交易防制條例特別立法禁止之，尤其是針對電腦網路，甚至於手機等其他新興媒體，都禁止散布、播送或刊登足以引誘、媒介、暗示或其他促使人為性交易之訊息，並以刑罰及高額罰金處罰之。

大法官第623號解釋：

兒童及少年性交易防制條例第29條這個條文的適用上，曾經發生過爭議，大法官也曾經為此做出第623號解釋。

聲請釋憲的主因是蕭姓男子在網路上張貼在某同志網站張貼「173/62/18y援助我、住新店、短髮、內雙眼、無誠勿試0919XXXXXX」的訊息，被警方查獲，最後依據兒童及少年性交易防治條例第29條規定，判處三個月有期徒刑確定。蕭某認為此條文侵害其憲法保障言論自由，遂聲請大法官會議解釋。

後來，大法官作出第623號解釋，認為只要所傳布的訊息符合《非以兒童少年性交易或促使其為性交易為內容》，且《已採取必要之隔絕措施，使其訊息之接收人僅限於十八歲以上之人者》，就不會觸犯本條的規定。

法律達人的建議

若自己真有「需求」,如何才不會觸犯本條規定呢?

第一,別張貼與未滿18歲有關的性交易內容。

因為依據兒童及少年福利法規定,兒童是未滿12歲之人,少年是指12歲以上未滿18歲之人。

第二,採取隔絕措施。

例如開闢聊天室,限制未滿十八歲者進入聊天。但是,因為網路匿名,如何驗證網路使用者未滿十八歲,恐怕會有困難,否則將淪為形式上的隔絕罷了。

既然在技術上有困難的情況下,很難符合這兩個要件,奉勸各位還是不要亂張貼這些訊息!

職場兩性

兩性工作平等法

實‧案‧追‧緝

■ **案例一：我可以請生理假嗎？**

> 　　王太太在電子工廠擔任裝配技術員，每個月的生理期都讓她非常不舒服，有一天，王太太的生理期又到了，同樣令人非常難受，同事陳太太發現，就勸她請病假回家。
>
> 　　王太太認為生理痛又不是病，可以請病假回家嗎？

■ **案例一：我可以請育嬰假嗎？**

> 　　黃太太經過不斷努力，終於懷孕生子，在大家的祝福下，黃太太安心地在家坐完月子，隨後即將寶寶交給保母照顧，並繼續回到工廠工作。人有旦夕禍福，黃太太的保母突然發生車禍受傷，必須長期住院，黃太太實在找不到好的保母，正在煩惱該怎麼辦的時候，同事張小姐詢問黃太太：「你可以自己在家帶小孩。」
>
> 　　黃太太也想在家親自帶小孩，但是帶小孩可不是一天兩

天的事情，公司會讓她長時間帶小孩嗎？是否還可以回到原公司繼續工作呢？

法·令·分·析

■ 認識兩性工作平等法

台灣陸續通過支持男女平權的法案，包括家庭暴力防治法、性侵害犯罪防治條例，及兩性工作平等法都陸續通過實施，但是徒法難以自行，唯有社會每個人都能認真互相尊重對方、瞭解對方及體諒對方，兩性平權時代才算來臨！

兩性工作平等法的制定，使得職場婦女的權益可以透過公權力的介入，讓職場環境中常見的「性騷擾」、「單身條款」「避孕條例」等工作待遇不再發生，降低過去女性員工所遭受的差別待遇，達到追求兩性平權、同工同酬的目標。

尤其女性通常必須兼顧家庭與工作，兩性工作平等法中「育嬰假」之設計，使得婦女不再因為傳統價值與性別工作，被迫放棄在社會一展長才、發展潛能，而能有效增進女性勞動參與率的提升，使婦女走出經濟依賴者的角色。

■ 兩性工作平等法的重點

⊙性別歧視之禁止

雇主對求職者或受僱者之招募、甄試、進用、分發、配置、考績或升遷等，不得因性別而有差別待遇。但工作性質僅適合特定性別者，不在此限。

例如男女皆可任職的文書工作，公務機關於招考的過程中，不能將條件設定為男性才能報考。以調查局為例，雖然工作內容還是男性比較適合，但近幾年來，各類組的報考條件，不再有女性報考名額的限制。

　　⊙性騷擾之防治

　　受僱者於執行職務時，任何人以性要求、具有性意味或性別歧視之言詞或行為，對其造成敵意性、脅迫性或冒犯性之工作環境，致侵犯或干擾其人格尊嚴、人身自由或影響其工作表現。

　　雇主對受僱者或求職者為明示或暗示之性要求、具有性意味或性別歧視之言詞或行為，做為勞務契約成立、存續、變更或分發、配置、報酬、考績、升遷、降調、獎懲等之交換條件。

　　雇主、主管與員工，都不能以性要求、具有性意味或性別歧視的言語、行為來干擾他人，導致工作環境具有敵意性、脅迫性或冒犯性。雇主更不能以明示或暗示的性要求，作為升遷、獎懲或薪水報酬的交換條件。30人以上的公司企業，都必須訂定性騷擾防治措施、申訴管道及懲戒辦法。

　　⊙促進工作平等措施

　　現代女性投入職場的比例很高，不過傳統上養兒育女的重擔還是落在女性身上，「兩性工作平等法」規定了許多措施，以促進男女工作平等的目的，內容如下：

一.生理假：女性受僱者因生理日致工作有困難者，每月得請生

理假1日。

二.產假和陪產假：女性受雇者分娩前後應給產假8星期；流產者，依懷孕期間，分別給予4星期、1星期或5日的產假。男性受雇者於配偶分娩時，陪產假2日。

三.哺乳時間：子女未滿1歲，每日應給兩次哺乳時間，每次30分鐘。不過，30分鐘，似乎只適用於住家離公司較近，或者是公司本身就有提供托嬰照顧者，否則只好先將母乳擠出，帶回家中再行餵乳。

四.雇主雇用人數在30人以上，而受雇者的配偶同時就業，受雇者不限男性、女性另外可以申請：

（1）育嬰留職停薪：子女滿3歲前，期間不可超過2年。

（2）家庭照顧假：家庭成員預防接種，發生嚴重的疾病或其他重大事故須親自照顧時。

五.雇主雇用人數在250人以上，應設置托兒設施或提供適當的托兒措施。法律同時規定政府應給予雇主經費補助。

生理假	⊙每月得請生理假1日	產假及陪產假	⊙女性受雇者分娩前後應給產假8星期 ⊙流產者，依懷孕期間，分別給予4星期、1星期或5日的產假 ⊙男性受雇者於配偶分娩時，陪產假2日
哺乳時間	⊙子女未滿1歲，每日應給兩次哺乳時間，每次30分鐘	育嬰假	⊙子女滿3歲前，期間不可超過2年。（雇主雇用人數在30人以上）
家庭照顧假	⊙家庭成員預防接種 ⊙發生嚴重的疾病 ⊙其他重大事故須親自照顧時（雇主雇用人數在30人以上）	托兒措施	⊙設置托兒設施或提供適當的托兒措施（雇主雇用人數在250人以上）

法律達人的建議

依據兩性工作平等法的規定，女性受雇者因生理日致工作有困難者，每月得請生理假1日，所以王太太生理痛時，就可以向公司請假1天。

黃太太所屬公司若是屬於雇用人數在30人以上，且黃先生也同時就業，若黃太太想要在家帶小孩，可以向公司請「育嬰假」（留職停薪），最多2年，待育嬰假結束後，即可繼續回到原公司任職。

職場性騷擾，怎麼辦？

實‧案‧追‧緝

■ 一部爭取職場女性權利的電影─北國性騷擾

裘絲艾米斯歷經婚姻失敗回到家鄉明尼蘇達州北部，必須獨力撫養兩個小孩的單親媽媽，於是她急需一份工作，而當地唯一的穩定且薪水很高的工作，就是當礦工。但是一直以來都只有男人才能當礦工，而且鋼鐵公司以及社區的作風保守，想要改變現況非常困難。

裘絲的老友萬洛莉是礦場少數的女礦工之一，她鼓勵裘絲加入她的行列，到礦場幹粗活，而裘絲為了賺錢養家，也不怕做粗重並危險的工作，但是她和其他女礦工在黑暗的工作環境內，該如何面對男性同事的性騷擾，卻是一項長時間的磨難。

經濟不景氣，工作越來越少，所以男礦工不希望女人來搶他們的飯碗，況且男礦工認爲女人沒有資格來擔任男人的工作，應該在家煮飯燒菜。如果女礦工堅持留下來，就得忍受來自男礦工不斷地羞辱及騷擾。

當裘絲挺身而出，爲她和其他女礦工受到的可怕待遇發出不平之鳴，她不但慘遭礦場及鋼鐵公司資方修理，甚至得不到她的父母及其他女礦工的支持，因爲她們深怕情況會因此變得越來越糟。

就連她和葛洛莉的友情也受到嚴重考驗，而她父親對她的不滿也達到極限。當她爲了擁有更好的生活，並爲孩子們的未來著想，決定控告礦場及鋼鐵公司，她的私生活不但受到批判，就連她和小女兒和大兒子之間的關係也受到影響，因爲她不堪回首的過去讓她成爲眾矢之的，遭到各種蜚長流短的攻擊。但是當全世界都不肯站在她這一邊的時候，仍然鼓起勇氣挺身而出，堅持她的信念，就算必須孤身奮戰也在所不惜。經過多年的訴訟官司，正義終於站在正確的一方。

《好書推薦—北國性騷擾》

⊙在一個崇尚男性陽剛文化的職場，性別差異經常隱含權力不平等，而此權力差異正好提供性騷擾發生的溫床。

⊙《北國性騷擾》描述了一位勇敢的女性，如何遭逢職場性騷擾的侵害，及如何再接再厲，成功對抗父_男權文化的集體壓迫。

■五南出版社

🔍 法·令·分·析

■ 職場性騷擾申訴管道

職場性騷擾，主要適用兩性工作平等法。

工作或求職遭遇性騷擾，主要有兩種態樣：

> ⊙受雇者或求職者遭到性騷擾
>
> ⊙受雇者在執行職務時，被任何人性騷擾

申訴管道，可以向所屬單位所設置之性騷擾申訴管道進行申訴。

■ 校園性騷擾申訴管道

校園性騷擾，主要適用性別平等教育法。

求學期間遭遇性騷擾，包括學生遭受學校校長、教師、職員、工友或學生之騷擾，均適用本法。

申訴管道，可以依據性別平等教育法，向學校的學務處提出，再交由性別平等委員會進行調查。

職場性騷擾

兩性工作平等法

向所屬單位所設置之性騷擾申訴管道進行申訴。

校園性騷擾

性別平等法

向學校的學務處提出，
再交由性別平等委員會進行調查。

其他性騷擾

性騷擾防治法

可向案發地警察機關、加害人所屬單位
或所在地主管機關，或案發地主管機關申訴。

《相關資源》

政府機關	政府機關

行政院勞委會兩性工作平等法資訊網
http://equal.cla.gov.tw/
教育部性別平等委員會
http://www.gender.edu.tw/
臺北市政府社會局(性騷擾防治網)
http://www.dosw.taipei.gov.tw/
臺北市教育局(性別教育網)
http://w3.tp.edu.tw/gender/gender.htm

現代婦女基金會
http://www.38.org.tw/
婦女新知基金會
http://www.ws0.taiwane.com/
awakening

偷窺、偷拍

實・案・追・緝

■ 璩美鳳性愛光碟事件

　　郭玉玲因不滿璩美鳳與當時新竹市蔡姓市長交往，遂聘請徵信社安裝針孔攝影機，以幾近電影「全民公敵」的情節，偷拍璩美鳳與他人性愛的畫面，並將拍攝內容燒製成性愛光碟，放在網路上供人瀏覽，意圖摧毀璩美鳳的人生。另外，還將光碟片交給「獨家報導」雜誌，該雜誌眼見機不可失，戴著新聞自由的大帽子，恣意地大量燒錄光碟，隨雜誌附贈。

　　越南也發生一起璩美鳳事件的翻版，19歲青春劇女星黃垂玲(Hoang Thuy Linh)與美國籍前男友的性愛短片長5分鐘，由手機拍攝，被人上載到YouTube網站。現時該段短片已被刪除，但仍被轉載到其他網站，包括一段20分鐘的「加長版」。網上流傳指，黃垂玲的前男友因不滿她另結新歡，於是將性愛短片公開。至於港星陳冠希與眾女星的慾照事件，更是在中港台三地鬧得沸沸揚揚。

🔍 法·令·分·析

璩美鳳案中，郭玉玲必須為了她的行為負擔民、刑事責任，當然是罪有應得。「獨家報導」雜誌呢？應該要負何種責任呢？

■ 三種不同層面的法律責任

從橫向觀察，本案涉及「民事」、「刑事」及「行政」三個不同層面的法律問題。

一、民事責任方面

在民事方面，璩美鳳可以依據民法第184、195條，主張侵權行為的損害賠償。璩美鳳受到的財物損害較少，頂多包括為了安裝針孔攝影設備，所造成的侵入性破壞損失。此外，如果精神上受到傷害，醫療上的費用或增加生活上的必須，甚至於因此減少的收入，也可以主張之，例如產品代言合約遭解約。

其次，璩美鳳受到的傷害應該是精神上的損害賠償，法院會依照被害人主張的金額範圍內，兩造之身分、地位、經濟能力等一切情狀，決定獨家報導應該賠償的金額。

【民法第184條第1項前段】

因故意或過失，不法侵害他人之權利者，負損害賠償責任。

【民法第195條第1項】 ··

> 不法侵害他人之身體、健康、名譽、自由、信用、<u>隱私</u>、貞操，或不法侵害其他人格法益而情節重大者，被害人雖非財產上之損害，亦得請求賠償相當之金額。其名譽被侵害者，並得請求回復名譽之適當處分。

二、刑事責任方面

獨家報導在刑事責任方面，主要是觸犯刑法第235條散布猥褻物品罪。前發行人沈嶸遭判刑2年，於2007年入獄服刑，目前業已出獄。璩美鳳還赴獄所大門前迎接，演出大和解之戲碼。

【刑法第235條】 ··

> 散布、播送或販賣猥褻之文字、圖畫、聲音、影像或其他物品，或公然陳列，或以他法供人觀覽、聽聞者，處二年以下有期徒刑、拘役或科或併科三萬元以下罰金。
>
> 意圖散布、播送、販賣而製造、持有前項文字、圖畫、聲音、影像及其附著物或其他物品者，亦同。
>
> 前二項之文字、圖畫、聲音或影像之附著物及物品，不問屬於犯人與否，沒收之。

三、行政責任方面

獨家報導隨書附贈的光碟片，沒有事先經過新聞局審查，遭新聞局查扣相關光碟的行政處分，併科處罰鍰。獨家報導如不服此一處分，得循行政救濟管道加以救濟。

法律達人的建議

■ 如何提出民事告訴

打官司，總是讓人望之怯步。實際上，並沒有那麼困難，首先要學會的就是如何寫訴狀。以下提供損害賠償之訴狀範本(如下頁)，並針對各部份說明如下：

《民事起訴狀》

案號：○○

股別：○股

訴訟標的金額或價額：

原告：○○○　　　　　住居所：○○○○○○

被告：○○○　　　　　住居所：○○○○○○

為請求給付損害賠償金起訴事：

訴之聲明

❶ 一、被告應給付原告新台幣(下同) ○○元，及自起訴狀繕本送達翌日起至清償日止，按年利率百分之○計算之利息。❷

二、訴訟費用由被告負擔。

事實及理由

緣被告於民國○年○月○日，於其所出版之雜誌中，散布原告性愛光碟乙片，此有雜誌乙本可證(證一)，並經檢察官提起公訴，經貴院判處罪刑確定在案 (○年度○字第○○○號)。原告因治療創傷，支出醫療費○○元(證二)，又原告受此不法侵害，身心均痛苦異常，並請求賠償慰撫金○○元，以上合計○○元，因被告拒不給付，為此狀請判決如訴之聲明，以維權益。 ❸

此致

　　○○地方法院　　公鑒

　　證物名稱及件數：

　　一、○○雜誌乙本。

　　二、醫療單據○紙。❹

　　具狀人：○○○ (簽名蓋章)

　　撰狀人：＿＿＿＿＿＿＿＿＿＿＿　　❺

　　中　華　民　國　○　年　○　月　○　日

❶起訴狀的內容，主要分成「訴之聲明」及「事實及理由」兩大部分。

❷訴之聲明一的部份，主要在說明請求法院為其內容之判決。例如本車禍事件中，要求被告給付賠償金額以及利息，訴訟費用也須由對方負擔。

❸事實及理由的部份，主要是進一步說明訴之聲明的請求基礎。例如本案中雜誌社如何附帶贈送性愛光碟，造成何種損害，並提出證明(如醫院診斷單、刑事判決字號)，並具體說明給付原告金額之計算依據(如包括醫療費及慰撫金)。

❹提供相關證物。

❺如果訴狀不是自己寫的，則必須由撰狀人寫下自己的姓名，常見者如委請律師撰寫。

兩性詐騙

實・案・追・緝

■ 十二金釵「假交友、真詐財」案

　　蘋果日報踢爆十二金釵「假交友、真詐財」案，上百名被害男子其中十四人向台中地方法院提出民事訴訟，要求十二金釵及公司負責人須賠償一千零三十八萬元。法官根據金釵寫給被害男子曖昧信函認定，以婚友社交友向被害男子促銷產品，已違反善良風俗，判決十二金釵及宗德等四家公司，應負侵權賠償814萬元。

　　（參考判決台中地方法院93年度重訴字第419號民事判決）

　　涉案的十二金釵，透過「詹媽媽企業社」等婚姻介紹所活動，誘騙適婚男子，等男方付出情感後，便以有結婚念頭、公司業績壓力等理由，要求男方購買結婚包套服務、靈骨塔等商品，導致上百名男子支付8萬至120萬元不等。事後女子們離去，男子才知受騙。14名被害男子花數10萬元、甚至100萬元，向銀行信用貸款購買商品，至今負債累累。

■ 感人的情書？

以下兩段話，擷取自十二金釵寫給這些單純男子的信件，寫得真好！

「不過，我還是很感謝上天能讓我遇見了你、女人要找一個好男人是可遇而不可求的事，覺得自己很幸運，人海中可遇見你……雖然我不曉得該如何表達自己的想法，但我還是要跟你說聲『謝謝您』，和你認識到現在，是你一直待在我的身邊陪伴著我，在我最無助的時候，是你支持著我，知道嗎？你對我的這份心，我會一直放在心上，每次只要一想到你為我所做的每件事，心中就會有幸福的感覺……」

「……一直在想…我終於可以幫你做一些規劃，讓你好過點，以後我們也不用那麼辛苦了，難道…我這樣錯了嗎？」

🔍 法·令·分·析

【民法第184條第1項】

因故意或過失，不法侵害他人之權利者，負損害賠償責任。故意以背於善良風俗之方法，加損害於他人者亦同。

【民法第188條第1項前段】

受僱人因執行職務，不法侵害他人之權利者，由僱用人與行為人連帶負損害賠償責任。

　　法院認為：按青年男女交往本屬正常，業務員從事推銷亦無不可，但十二金釵等業務員透過婚友機構結識原告，並以此推銷商品之行銷方式，有以情感之因素誤導原告盲目進行消費之作用，係屬故意以背於善良風俗之方法，加損害於原告等人。

　　就原告等人購買產品及辦理信用貸款手續費等費用（此部分並非原告等特定財產被侵害，而係金錢之支出，係屬純經濟上之損失），十二金釵自應分別與其僱用人被告宗玄公司、惠年公司及宗德公司應負損害賠償之責任。

法律達人的建議

　　兩性交往首重誠信，若利用對方的愛情，作為達到賺錢的目的，這種惡劣的行為實在不足取。

　　詐欺罪的成立恐怕較為困難，但是民事上的賠償則通常會成立。不但要把騙來的錢還給癡情男女，還要背負著社會輿論的責難，可真是得不償失啊！

Part II
男女交往篇

財物往來

【　互贈禮物階段　】

實・案・追・緝

■ 愛的禮物—贈與還是借貸？

男友送我的戒指，在分手之後，要不要歸還呢？

曾經有一位朋友發生下列情況，跑來徵詢筆者的意見，以下先把這位朋友發生的狀況分享一下：

> 志明交了一位女友春嬌，春嬌需索無度，一下子要手機、一下子要筆記型電腦，心血來潮又投資早餐店，都要志明出錢。志明基於愛春嬌、信任春嬌的因素，辛苦賺來的錢不斷地拿出來。
>
> 即使古有明訓：「親兄弟明算帳。」但是卻忘了提醒「親密愛人明算帳。」所以，兩人之間並沒有簽訂契約，當然一般人面臨志明的情況，應該也不會簽訂契約，因為簽這種契約，可能會被誤認感情很差，也有損男性的大方。
>
> 結果，兩人分手了，志明這時才悔恨當初的「投資」付

諸流水，而且許多錢還是以現金卡向銀行借款，現在欠了一屁股的債，女方卻口袋滿滿，讓人非常不平。

這位朋友問，可否把錢及禮物要回來？

法‧令‧分‧析

這個問題倒也不難，這些錢是贈與，還是借貸？

贈與：原則上是拿不回來的。

【民法第406條】……………………………………………………

稱贈與者，謂當事人約定，一方以自己之財產無償給與他方，他方允受之契約。

…………………………………………………………………………

借貸：則當然可以請求對方返還。

【民法第464條】……………………………………………………

稱使用借貸者，謂當事人一方以物交付他方，而約定他方於無償使用後返還其物之契約。

【民法第474條第1項】………………………………………………

稱消費借貸者，謂當事人一方移轉金錢或其他代替物之所有權於他方，而約定他方以種類、品質、數量相同之物返還之契約。

…………………………………………………………………………

但是問題來了，怎麼證明是借貸？

春嬌會承認是借款嗎？通常分手後，依據合理的推測，春嬌應該會主張是贈與，怎麼可能承認是借款。

有哪些證據可以證明是借款嗎？以下提供常見的證據以供參考：

⊙借據

⊙匯款單、轉帳明細表

⊙簡訊內容(例如收到一萬元了，將於一個月內返還)

⊙電話錄音內容：表示借貸契約之內容

⊙證人：聽到雙方討論借貸的契約內容

⊙Email或msn聊天內容

如果有這些證據（並不需要全部都具備），就很有可能把屬於借貸關係的錢要回來。

聯合報有一篇報導「追不到人，15年後追討到借款」，發生在萬姓醫生與劉姓前女友之間的類似問題。萬姓醫生追討當初交給劉女的201萬元，劉女認為是贈與。後來打官司時，萬姓醫生提出匯款單，以及雙方討論如何還錢的錄音帶，法官於是判決萬姓醫生勝訴，這筆201萬元屬於借款，而非贈與，劉女應該把錢還給萬姓醫生。

報導中還將部份劉女的談話內容寫了出來，摘錄下來供各位讀者參考：

「我用你的錢那也理所當然，我是你女朋友，不用你的錢，難道用別的男人的錢嗎？」

「當時你是我男朋友，我當然跟你借，當然跟你拿啊！」

就這樣被判敗訴了，所以各位朋友，講話是一種藝術，千萬要謹慎啊！

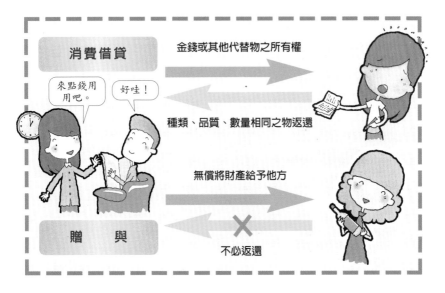

▓ 認識數位採證

隨著科技的演進，政府機構、民間單位或個人都愈來愈依賴電腦網路設備，如企業的會計、財務系統，都已經建構與儲存在內部資料庫中，又如電子郵件、msn、skype等，人與人溝通之軟體，也都透過網路進行，電腦網路已與人類生活產生密切之連結關係。

過去實務偵辦案件中，只有電腦、網路犯罪之案件才牽涉數位資料，現在則幾乎大部分案件都與數位資料有關，舉凡毒品案件、偵防案件、肅貪案件，及一般經濟犯罪案件，都可能

利用電腦、網路作為犯罪工具，例如毒販間利用msn進行聯繫，執法機關針對毒販之msn進行網路通訊監察，或者是犯罪者利用線上遊戲之聊天功能進行聯繫，連線紀錄與帳號申請資料均可做為犯罪事證。因此，數位資料之重要性已不言可喻。

■ 不會數位採證，小心變被告─崛江電郵事件

日本網路公司「活力門」（Livedoor）因涉嫌散佈假消息、掩蓋虧損、欺騙投資者，而遭檢察機關搜索扣押，並逮捕曾被

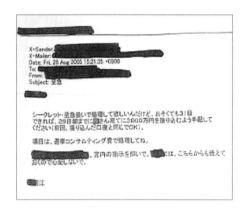

譽為日本創業楷模的總裁堀江貴文，引發日本產業界的震撼。由於去年眾議員選舉時，自民黨曾推派堀江貴文出馬競選，更引發民主黨的大力抨擊，並質疑執政黨（自民黨）金權掛鉤。

民主黨眾議員永田壽康更提出一封記者轉寄給他的電子郵件，信中指出：Livedoor前社長堀江貴文曾在去年出馬競選眾議員之前，電郵指示部下，匯3,000萬日圓的「選舉顧問費」給自民黨幹事長武部勤的二男。（電子郵件內容如左上圖）

永田壽康認為該信件可信度很高，遂在國會上提出質詢，並要求國會進行調查。但是當事人強烈否認有此一事實，日本首相小泉也認為證據不足，拒絕進行調查，並反駁表示電子郵件誰都可以偽造，請先證明這一封電子郵件的真實性。

　　有關這封信件的內容已經成為日本全國民眾分析的焦點，全民如同日本卡通偵探人物「柯南」般，努力找出信件的破綻，如有人指出該紙電郵使用Eudora舊版，<u>堀江</u>都使用最新版的，也有人指出<u>堀江</u>從不署名，信中卻有署名，甚至於有人還將X-Sender的字體大小是51pix，與X-Mailer的字體大小是47pix，質疑電子郵件的真實性，而<u>永田壽康</u>也承認「寄件者」與「收件者」是同一人。在全民的批判與質疑下，民主黨經過內部調查後，也無法證實該信件之真實性，<u>永田壽康</u>只好黯然地公開道歉並接受處分。

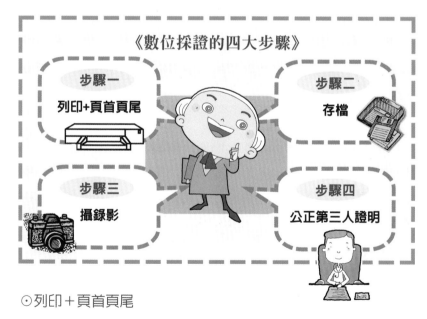

《數位採證的四大步驟》

步驟一
列印＋頁首頁尾

步驟二
存檔

步驟三
攝錄影

步驟四
公正第三人證明

⊙列印＋頁首頁尾

　　如果有人以電子郵件誹謗你，或者是在討論區辱罵你，該怎麼辦？一般民眾都常都會將之印出來。

但是數位證據很容易遭到竄改，如同之前談到的崛江電郵事件，很可能因為無法舉證「真實性」，反而遭到控告偽造文書罪。

因此，列印雖然是最基本的方式，但主要只是讓司法人員能更看到證據的內容。以網頁列印為例，最好將頁首頁尾（網址的形式）一併印出來。網址通常都很長，各家系統有不同的格式，很難偽造，就是因為很難偽造，更能夠證明其真實性。

⊙存檔

數位證據還要以數位的型態加以保留，常見的保存方式是存檔。以網頁為例，可以「另存新檔」方式將之儲存。不過在儲存的過程中，存檔的格式須選擇「網頁，完整」，可以保留網頁上的一些廣告、圖片。有時候這些廣告、圖片，還能佐證電子郵件存在的時間。

⊙攝錄影

數位證據可能遭到刪改，例如討論區的文章，張貼者可能事後將之刪除。攝錄影的方式，尤其是攝影，得證明該數位證據的連續存在性。可以將點選到該網頁的過程，一步一步地錄影下來。

⊙公正第三人證明

前面三者都是物證，若能有公正第三人，且願意出面作證者，一起瀏覽數位證據的內容，未來在法庭上都可以強化數位證據的真實性，而降低遭到對造質疑的狀況。

【 金錢借貸 】

實·案·追·緝

■ 男女交往，借錢也要訂契約

　　何姓男子與簡姓女子交往，雙方都有各自的婚姻關係，簡女爲了與何男交往，不但與原本配偶離婚，更將自己的金錢與男友共享。可是，何男卻一直沒辦法與原配偶離婚，簡女爲了保障自身權益，要求何男簽訂一紙借條，內容爲「本人於81年至86年向簡女借貸新台幣1000萬元整，並已收訖」。

　　後來，雙方分手後，簡女要求何男返還這1000萬元，何男當然不願意還錢，舉出下列理由加以辯解：

⊙當初借條是喝醉酒所簽。

⊙雙方金錢往來頻繁，且何男將存摺、印章都交給簡女，彼此匯款目的並非借款關係。

⊙簡女並未將400萬元交給何男。

⊙何男也多次匯款或交付現金給簡姓女子，但因多數資料未保留匯款紀錄。

　　最後，法院還是根據何姓男子提供提領費用給簡姓女子約有79萬元，因此抵銷後，何姓男子應付給簡姓女子約920萬元。

法·令·分·析

　　針對本案中何姓男子的辯解，筆者提出說明如下：

喝醉酒是「變態事實」，不是說喝酒的人就會很變態，而是指主張契約是在喝醉酒的情況下所簽訂，並非常態的事實。這種非常態的事實，必須由何姓男子舉證確實有酒醉，而且喝到已無意識，而非簡女證明非喝酒所為。否則，每個契約成立後，只要聲稱喝醉酒所為，還要對方舉證證明非喝醉酒，那恐怕沒有一個契約會成立。

雙方金錢往來頻繁，與借款關係之成立沒有關聯性。

何男主張未拿到其中的400萬元，必須舉證，因為借條中已經載明1000萬元已收訖。

何男若退而求其次，在借條成立的情況下，有還錢給簡女。但是因為很多情況都是「現金」交易，無法證明確實有還錢的事實存在，所以對何男並不利。「舉證之所在，敗訴之所在」，恐怕難以證明之。

法律達人的建議

所謂「親兄弟明算帳」，這句話在男女關係也適用，無論是否婚外情或一般男女關係，都要特別注意錢財方面的處理。畢竟，男女交往會有一段交往的蜜月期（通常不超過兩年），當這段蜜月期一過，恐怕一切的甜蜜關係都會變色。屆時，許多交往期間的贈與行為（送手機、鑽戒等），恐怕無法要回來；借款也因為都是口頭契約，也沒有其他人可以佐證，難以證明借款契約關係的存在，恐怕賠了夫人又折兵，後悔莫及。

情慾色戒

【　重點接觸階段　】

實・案・追・緝

■ 車震活春宮，小心觸犯公然猥褻罪

　　曾看到聯合報有一則有趣但悲慘的報導，標題為「車震濺血，嗚…弟弟扯斷了」，還好，醫生把它接了回去，應該還堪用吧！

　　不過，報導中提到一個法律觀點，也就是有關於車震地點的選擇。

　　有些人或許會質疑，我愛在哪邊車震，就在哪邊車震？這是憲法保障人民自由權的具體表現。

　　這句話對了一部份，憲法確實保障人民的自由權，但不能無限上綱。還記得很久很久以前李明依拍了一個廣告，關鍵的一句廣告詞：「只要我喜歡，有什麼不可以」，這絕對是錯的。

　　因為，憲法賦予人民的不是絕對的自由權，而是相對的自由權。什麼是相對的自由權，簡單來說，享受自由的同

時，不可以影響他人。所以，憲法第23條規定，只要為了防止妨害他人自由、避免緊急危難、維護社會秩序、增進公共利益的必要情況下，是可以立法加以限制的。

所以，車震的地點當然要限制，否則開到棒球場中間，王建民一邊投球，恩愛小倆口一邊嘿咻，這成何體統！

近來國外修法要求溜鳥俠要加重刑責，也是同樣的道理，因為「鳥兒」在社會上閒晃，傷害到別人的眼力，實在有些不妥。

法·令·分·析

■ 車震有什麼法律限制呢？

【刑法第234條第1項規定】......................

意圖供人觀覽，公然為猥褻之行為者，處一年以下有期徒刑、拘役或三千元以下罰金。」

所以，以下提供幾個可能觸法的車震地點：

1.總統府前：

雙十國慶，當華僑、外賓聚集會場中，還有神龍小組來助陣，若能開車進入會場車震，保證還沒開始震，就被抓了。而且那邊太多憲兵了，可能憲兵欣賞完畢後，再來抓人。

2.立法院前：

警方可能會認為是另類的抗爭手法，尤其若在車內搞「多

P」，還會被認為人數達到集會的程度，若沒有聲請集會遊行，將違反集會遊行法，舉牌要求解散。

3.動物園門口

由於圍觀人數眾多，動物園管理人員不知如何立牌介紹，只好標上「禽獸」二字。

4.神明生日，舉辦廟會旁

大家會以為是新型態的「電子花車」，全部圍到車窗外觀看表現，由於人潮眾多，停下來還會被罵。

法律達人的建議

想要車震的刺激，就請找對地方。不要「公然」為之，否則被警方敲窗逮捕，那可真是掃興。

此外，隔熱紙也使用黑一點的，以免不肖無聊人士，躲在窗戶外偷看，那可就虧大了。

【 偷嘗禁果階段 】

實・案・追・緝

■ 少女兩次不想做，男友送辦

曾看到聯合報一則新聞「少女兩次不想做，男友送辦」，感覺有點啼笑皆非。

先來介紹一下這起案情。

仁德鄉有一位17歲的少女，被男友強行載走，3小時後男友載她回家，被等在少女家的警員逮捕。本文不討論有沒有妨害自由的問題，因為從報導中只看到強行載走，所以實在無法判斷。

這名男子大少女6歲，少女打工時，與他相識，相識有沒有相惜，就不清楚了。由於女方家長反對兩人的來往，少女一時叛逆，就離家與男友同住。報導中還提到兩人交往時，男子還打她耳光、罵她是畜牲、垃圾。至於有沒有涉及家暴、傷害、公然侮辱等法律問題，也不是本文所要討論的重點，畢竟小倆口吵吵鬧鬧，在所難免。

警方抱持著棄而不捨的精神，大概覺得沒有安一條罪名，對不起女方父母。於是詢問少女有沒有與男友發生性關係；少女原本不太想回答，或許是認為這什麼鳥問題，都已經住在一起那麼久了，難道這名男子是「柳下惠」，能夠坐懷不亂。最後才回答「已記不得做過多少次了，都是自願。」

警方大概覺得這樣就把這名男子放走，心有不甘，就不斷在發生性關係的問題上打轉，因為報導中沒有寫得很清楚，筆者推測應該是問些「是不是自願的？」、「有沒有強迫你發生性關係？」...等蠻冷的問題。少女也蠻爆笑的，也大概是被疲勞訊問太久，頭腦昏昏的情況下，居然回說：「曾有兩次很不想做。」

結果很誇張，警方就將該名男子以妨害性自主罪嫌移送法辦。

法·令·分·析

有一個很重要的觀念要先與讀者分享，男女朋友、夫妻間還是有可能成立妨害性自主罪(也就是一般所謂的強暴罪、強姦罪)，只要構成法律的要件，就會成立。

來看看條文怎麼規定：

【刑法第221條第1項規定】

> 對於男女以強暴、脅迫、恐嚇、催眠術或其他違反其意願之方法而為性交者，處三年以上十年以下有期徒刑。

重點在於違反被害人的意願才會成立。

「有兩次很不想做」，等同於違反其意願嗎？

那倒也未必，例如女方月事來了，男方剛好想要，女方覺得不衛生而不太想做，男方表示希望能幫幫他，否則只好「自助洗衣」。女方雖然不是很想做，但還是勉為其難地配合。

比較明確的違反意願，通常是女方明確表明「不要」、「NO」的情況，男方如果還要硬來，就會成立本條罪名。由於本罪非常地重，請想要硬來的當事人，不論男方或女方，都請三思而行，即便慾火焚身，也請立即淋浴熄火。以免到時後入獄服刑，關在一起的都是同性受刑人，那可是讓人更為難受！

不過比較有爭議者，在於女方真正的意思往往很難讓男方理解。怎麼說呢？先來講個描述男女發生性關係過程的笑話：

春嬌與志明兩人交往多年，從未發生那個關係，有一天剛好天時、地利、人和，感覺到了，志明與春嬌兩人在車子後座調情，志明趁時機不可失，緩緩地貼近春嬌身邊，由於本書是以介紹法律為主，所以調情過程省略。

春嬌很害羞，不拒絕又怕志明誤以為她很隨便，剛開始只繞了一句英文：「Oh, please don't touch me」

志明猶豫了一下，還是持續勇往直前，過了幾秒鐘，春嬌又繞了一句英文：「Oh, please don't touch」志明早已精蟲襲腦，仍然持續探索其間的奧妙，春嬌很嬌羞地講說：「Oh, please don't」

接下來相信大家都可以猜出故事的發展如何，只聽到春嬌的聲音愈來愈急促，愈來愈小聲，從「Oh, please don't」逐漸變成「Oh, please」，最後連「please」都不見了，只剩下「Oh」、「Oh」、「Oh」了。

首先，向各位讀者抱歉一下，法律談多了，不太會寫「情色小說」，所以如果覺得很「冷」，還請見諒。

言歸正傳，這樣看起來並沒有不想做，但是春嬌不斷地說一些不願意的言詞，志明的行為有違反春嬌的意願嗎？

看來是否定的，但是這個笑話當然很容易判斷，血氣方剛的年輕人在事發之際，恐怕就沒有那麼多的判斷能力了。甚至於坊間還流傳一種說法，「對方說不要，就是要」。或許在某種情況是正確的，但是如果剛好「對方說不要，就是不要」，恐怕結果是換來牢獄之災。

法律達人的建議

常有一些年輕男女，偷嚐愛情禁果，即便是兩情相悅，依然是犯罪行為。

例如對於未滿 **14** 歲的男女為性交、猥褻的行為，可是重罪，即使對方自願，還是觸犯本罪。

至於對象是 **14** 歲以上未滿 **16** 歲的男女，也是一樣，只是罪行比較輕。

【刑法第227條】

第一項　對於未滿十四歲之男女為性交者，處三年以上十年以下有期徒刑。

第二項　對於未滿十四歲之男女為猥褻之行為者，處六個月以上五年以下有期徒刑。

第三項　對於十四歲以上未滿十六歲之男女為性交者，處七年以下有期徒刑。

第四項　對於十四歲以上未滿十六歲之男女為猥褻之行為者，處三年以下有期徒刑。

第一項、第三項之未遂犯罰之。

但是，**16** 歲以下，大概是國、高中生的年紀，偷償禁果的情況相當氾濫。為此，如果犯罪者是 **18** 歲以下，則可以減輕或免除其刑。

而且，18歲以下犯此罪者，是告訴乃論。

建議可以與受害者的家屬達成和解，讓對方撤回告訴，可別讓兩情相悅的事情，變成牢獄之災。

【 性愛契約 】

■ 性愛契約玩完了，男爽約又硬上

聯合報曾報導一則「性愛契約玩完了 男爽約又硬上」，滿值得一提的案例，本文將就相關法律概念，與各位讀者分享一下。 先簡單介紹一下這個案例。

22歲楊姓男子和17歲張姓高中女生交往，起初如膠似漆，後來張女發現男友脾氣暴躁，動輒罵人、說髒話、恐嚇，有暴力傾向，根本是「狼人」，有意與男方分手。

但是，到口的肥羊，楊男怎麼可能放過，不但嗆聲「敢分手就要你好看」，還要求訂定性愛契約，內容是「發生性行為到六月底止，多少次都可以」。張女為了能順利脫離狼人，遂依約履行，只盼望約滿早日分手。

期滿後，男方意猶未盡，還是不肯放手，張女勉為其難，同意雙方「續約」到兩人合辦情侶手機的到期日才分手。

張女最後實在受不了而嚴辭拒絕，楊男居然還恐嚇要殺害女方全家，且威脅出遊，並性侵得逞。張女無法再接受這種「性愛勒索」，只好控告男方妨害性自主罪。

法·令·分·析

案例說完了，來看看涉及到哪些法律關係：

一、楊男恐嚇殺害女方全家

【刑法第305條《恐嚇罪》】......................................

以加害生命、身體、自由、名譽、財產之事，恐嚇他人致生危害於安全者，處二年以下有期徒刑、拘役或三百元以下罰金。

有關恐嚇罪的部份，比較沒有問題，只要女方產生恐懼，基本上就成立恐嚇罪。

二、性侵得逞的部份

【刑法第221條第1項《妨害性自主罪》】...................

對於男女以強暴、脅迫、恐嚇、催眠術或其他違反其意願之方法而為性交者，處三年以上十年以下有期徒刑。

三、性愛契約的部份

性愛契約中規定「發生性行為到六月底止，多少次都可

以」，這樣子的契約效力如何呢？如果張女拒絕，男方可不可以訴請法院強制執行呢？

首先，這一個性愛契約，雙方就有關契約的存續期間、性行為的次數加以約定，契約就會成立。只是成立的契約未必生效。

【 民法第72條規定 】

> 法律行為，有背於公共秩序或善良風俗者，無效。

這種契約感覺上是女方為了分手而簽訂了類似「性奴隸」的契約，很難違社會客觀價值所接受，直接認為違反「公序良俗」而無效，楊男不能向法院訴請張女履行。

接下來再來假設一下，隨著時代的演變，如果性愛契約被社會所接受，不認為違反「公序良俗」，張女又不想做，該怎麼辦？

若有脅迫的情況，可以主張被脅迫而簽訂契約。

【 民法第92條規定 】

> 因被詐欺或被脅迫而為意思表示者，表意人得撤銷其意思表示。

楊男曾經恐嚇殺害女方全家，若張女因此而簽訂契約，則契約是被脅迫所為，可撤銷其意思表示。

另外，因張女只有17歲，滿7歲以上之未成年人，所以只有限制行為能力。限制行為能力簽訂這種契約，效力如何呢？

【 民法第77條規定 】

限制行為人為意思表示或受意思表示，應得法定代理人之允許。但純獲法律上之利益，或依其年齡及身份、日常生活所必需者，不在此限。

這種性愛契約不是「依其年齡及身份、日常生活所必需者」，所以必須獲得法定代理人，通常是父母的允許。所以，如果沒有獲得父母的允許，則契約效力未定。

【 民法第79條 】

限制行為能力人未得法定代理人之允許，所訂立之契約，須經法定代理人之承認，始生效力。

若張女的父母事前既沒有允許，事後也不承認這紙性愛契約，則仍舊是尚未生效。

【 民法第80條 】

前條契約相對人，得定一個月以上期限，催告法定代理人，確答是否承認。

於前項期限內，法定代理人不為確答者，視為拒絕承認。

因此，楊男可以跑去問張女的父母，可不可以允許這個契約？當然，下場大家可想而知，可能會被轟出來，拿著鍋鏟追打。不過，有些不肖的父母會把女兒賣掉，這時候如果承認的話，契約就會成立；如果不置可否，就視為拒絕承認。

【 墮胎 】

實·案·追·緝

■ 性侵可以墮胎嗎？

台北市45歲陳姓保全員在公寓樓梯間性侵11歲女童長達10個月，致女童懷孕19周被父母發現帶去墮胎並報警，檢察官指責他沒有人性向法院聲押獲准，依妨害性自主罪嫌將他起訴。

士林地檢署指出，目前羈押在士林看守所的陳姓大樓保全員未婚，與人分租南港區1戶公寓，他經常輪值大夜班保全，白天常在家休息。去年間發現同棟公寓11歲國小五年級女童，下午下課後獨自回家，沒有去安親班。

女童指控他，某天回家時，在公寓樓梯間碰到陳男，陳男以偷東西、掉了東西為由威嚇並強拉她到4、5樓樓梯間強行脫光她的衣服搜身，先撫摸胸部和下體對再她性侵得逞，事後恐嚇她不得說出此事，否則對她及家人不利。

女童告訴檢警，此後陳男每周1、2次在樓梯間對她性侵。女童父母指出，發現女童肚子逐漸隆起，經醫院檢查竟懷孕已19周，女童才說出長期遭人性侵，但不知道男子的姓

名，只知道住同棟公寓。

　　警方獲報後不動聲色逐層逐戶過濾住戶，直到春節前夕確定陳涉案才約談他。陳承認與女童有性關係，是女童主動自願和他發生性關係，他不曾強迫她。

　　檢察官後來依強制性交罪嫌起訴，女童則依優生保健法規定人工流產。

🔍 法·令·分·析

　　人工流產，即所謂的墮胎，是否應立法允許，世界各國立法例多所爭議。有人主張胎兒的生命權應該保障，有人主張墮胎的權利應該獲得尊重。目前我國採取折衷的制度，在一些特殊情況下，允許人工流產。相關規定如下：

【優生保健法第9條】

　　懷孕婦女經診斷或證明有左列情事之一者，得依其自願，施行人工流產：

一. 本人或其配偶患有礙優生之遺傳性、傳染性疾病或精神疾病者。

二. 本人或其配偶之四親等以內之血親患有礙優生之遺傳性疾病者。

三. 有醫學上理由，足以認定懷孕或分娩有招致生命危險或危害身體或精神健康者。

四. 有醫學上理由，足以認定胎兒有畸型發育之虞者。

五.因被強制性交、誘姦或依法不得結婚者相姦而受孕者。

六.因懷孕或生產將影響其心理健康或家庭生活者。

　　未婚之未成年人或禁治產人，依前項規定施行人工流產，應得法定代理人之同意。有配偶者，依前項第六款規定施行人工流產，應得配偶之同意。

　　但配偶生死不明或無意識或精神錯亂者，不在此限。

　　第一項所定人工流產情事之認定，中央主管機關於必要時，得提經優生保健諮詢委員會研擬後，訂定標準公告之。

　　因被強制性交而受孕，往往小孩子並非真心所要的，在此情況下，即允許施行人工流產。其它，若是有精神疾病，或其他影響身體健康的情況，或是懷孕期間服用藥物，導致胎兒可能有畸形之虞等情況，就可以施以人工流產。

【 男女朋友適用家庭暴力防治法嗎？ 】

實·案·追·緝

■ 蘭嶼版的小鄭與莉莉

　　女友的一句話「那就游到小蘭嶼證明你愛我」，你願意從蘭嶼游泳到小蘭嶼，來挽回女方的芳心嗎？

　　33歲的青年鄭姓男子卻做到了，結果是海上漂流26小時，直到海軍迪化艦發現，救起「為愛賭命」的他。

但是，其周姓女友並沒有因此感動，對於記者的詢問，只激動地回應說：「他要去自殺，那是他的事，又不是我叫他游到小蘭嶼，干我什麼事？」

這是一起女大男小，兩人相差14歲的戀情。愛情沒有年齡的限制，兩人也沒有結婚。只是男子的舉動讓人訝異！這麼痴心的男子，爲什麼得不到女子的芳心？

原來，是酒害了這名男子。據周姓女子的說法，「不碰酒，他是一百分的男人，碰了酒就零分。」 平常不喝酒的鄭姓男子很黏人，很體貼；不過，喝酒後，完全變了一個樣，動輒發脾氣摔東西，甚至打她耳光，酒一喝什麼事都敢做。

🔍 法·令·分·析

話說回來，兩人尚未結婚，同居在一起，男方喝酒後毆打女方，女方該怎麼保護自己呢？

【刑法第277條】

傷害人之身體或健康者，處三年以下有期徒刑、拘役或一千元以下罰金。

犯前項之罪因而致人於死者，處無期徒刑或七年以上有期徒刑；致重傷者，處三年以上十年以下有期徒刑。

刑法上的傷害罪當然是成立的，除此之外，有沒有更積極的法律可以保障女方？

有的。家庭暴力防治法。

有人可能會問，兩人又沒有共組家庭，適用家庭暴力防治法嗎？

【家庭暴力防治法】

第2條第1款

一.家庭暴力：指家庭成員間實施身體或精神上不法侵害之行為。

第3條

本法所定家庭成員，包括下列各員及其未成年子女：

一.配偶或前配偶。

二.現有或曾有同居關係、家長家屬或家屬間關係者。

三.現為或曾為直系血親或直系姻親。

四.現為或曾為四親等以內之旁系血親或旁系姻親。

由上列規定中，所謂「家庭暴力」，是指「家庭成員間實施身體或精神上不法侵害之行為」。再進一步地分析，現有或曾有同居關係，都可以算是「家庭成員」。

所以，鄭姓男子與其周姓女友兩人，雖然尚未結婚，但有同居關係或曾有同居關係，還是適用家庭暴力防治法的規定。

周姓女友在遇到身體或精神上不法侵害的行為，就可以請求保護，可以直接打110找警方協助，也可以打113家庭暴力防治熱線尋求諮詢。

■ 男女朋友及夫妻受到暴力的相關法令比較

男女朋友具有同居關係者，也適用家庭暴力防治法，相關比較如下表：

	男女朋友（同居）	夫 妻 關 係
刑法傷害罪	V（刑法277、278）	V（刑法277、278）
家庭暴力防治法	V	V（參照Part IV 家暴保護令只是一張紙，P.114）
判決離婚	×	V（民法1052） （參照Part VI 判決離婚的十一種事由，P.196）

註A：刑法第277條普通傷害罪，屬於告訴乃論，須於知悉犯罪事實之日起6個月內提出告訴。

【 性愛照 】

實·案·追·緝

■ 女大學生自拍事件

某私立大學某系的女學生與一名未成年的他校男同學，跑到校園某個角落裸露自拍，自己偷偷的拍也就算了，居然倆人自拍照放到網路上供大家分享。

據新聞媒體報導，女方似乎也知悉且同意男方公開的行為，目的只是為了衝部落格的人氣，女方雖然有加密，但被不肖網友猜到密碼而進入。

倆人此舉雖然提昇部落格的人氣，卻也引發觸法的問題。一連串的校方懲處、刑事制裁，大家異樣的眼光接踵而來，這倆位同學顯然悔不當初。

法·令·分·析

　　回歸正題，除了民事賠償、學校懲處的問題外，從法律的角度該怎麼看這一起事件呢？

一、拍攝照片的行為

　　據報導表示，那位男同學未滿18歲，所以女同學可能觸犯下列罪名：

【《兒童及少年性交易防制條例》第 27 條第 1 項】

　　拍攝、製造未滿十八歲之人爲性交或猥褻行爲之圖畫、錄影帶、影片、光碟、電子訊號或其他物品者，處六個月以上五年以下有期徒刑，得併科新臺幣五十萬元以下罰金。

　　本條罪名是為了保護兒童及少年，避免有人拍攝、製作一些類似兒童或少年色情光碟的物品，屬非告訴乃論，執法機關可以主動偵查。

【《兒童及少年性交易防制條例》第 28 條第 1 項】.........

> 散布、播送或販賣前條拍攝、製造之圖畫、錄影帶、
> 影片、光碟、電子訊　號或其他物品，或公然陳列，或以
> 他法供人觀覽、聽聞者，處三年以下有　期徒刑，得併科
> 新臺幣五百萬元以下罰金。

本條規定也是非告訴乃論，執法機關可以主動偵查。常看到有業者在馬路邊販賣號稱無碼的色情光碟，若內容涉及未滿十八歲之兒童及少年，就觸犯本條之罪名。

二、張貼照片上網的行為

【《刑法》第 235 條第 1 項】.................

> 散布、播送或販賣猥褻之文字、圖畫、聲音、影像或
> 其他物品，　或公然陳列，或以他法供人觀覽、聽聞者，
> 處二年以下有期徒刑　、拘役或科或併科三萬元以下罰
> 金。

之前談到的散佈璩美鳳光碟，也是觸犯本條罪名，屬非告訴乃論，執法機關可以主動偵查。

三、破解密碼，偷看別人的相簿

【《刑法》第 358 條 】

無故輸入他人帳號密碼 、破解使用電腦之保護措施或利用電腦系統之漏洞，而入侵他人之電腦或其相關設備者，處三年以下有期徒刑、拘役或科或 併科十萬元以下罰金。

【《刑法》第 359 條 】

無故取得、刪除或變更他人電腦或其相關設備之電磁紀錄，致生損害於公眾或他人者，處五年以下有期徒刑、拘役或科或併科二十萬元以下罰金。

現在很多年輕人的部落格都會放照片，許多照片都是很私密的內容，但版主往往誤以為加上密碼就不會被竊取。實則不然，如果密碼過於簡單，很容易被猜到，或者是網站被攻擊，資料也會被偷走。例如知名的「批踢踢實業網」（http://www.ptt.cc）就曾經被攻破，每個使用者都擁有管理者權限，導致系統大亂。其它像是博客來、誠品等知名網站，客戶資料也曾發生被竊取事件。

這兩條罪名必須提出告訴（告訴乃論罪），執法機關才能偵查起訴。

四、轉貼、轉傳的行為

同前《刑法》第 235 條第 1 項、《兒童及少年性交易防制條例》第 28 條第 1 項。

目前很多 Foxy 的使用者，下載圖片後還繼續分享，都成立本條罪名。

法律達人的建議

請各位網路上的朋友，不要轉貼、轉傳這些照片，因為這是犯罪行為，也會讓這兩位「不小心觸法」的年輕朋友，造成第二次的傷害。目前在P2P的分享軟體中，許多使用者仍在互相交換這些照片，這些也都是觸法的行為。

朋友！不要轉貼、轉傳他人照片，小心觸法唷！

Part III
訂婚篇

聘金返還

實·案·追·緝

■ 同居5年毀婚，鑽石聘金還來

　　一對男女朋友訂婚後同居近5年，經過長時間的交往，女方認為男方走不出前段婚姻的束縛，決定解除雙方婚約。

　　男方心痛之餘，要求女方返還五年前訂婚時所送的鑽石飾物，以及給準岳父的168萬元聘金，法院判准女方要還鑽石，但聘金不用還。

法·令·分·析

■ 婚約的變數

　　基本上，婚約可能面臨三種問題，第一「無效」，次之「解除」，第三「撤銷」。

類 型	內　　容	規　　定
無 效	男未滿17歲，女未滿15歲，不得訂定婚約。 未成年人訂定婚約，應得法定代理人之同意。	民法第973、974條
解 除	1.婚約訂定後，再與他人訂定婚約或結婚者。 2.故違結婚期約者。 3.生死不明已滿一年者。 4.有重大不治之病者。 5.有花柳病或其他惡疾者。 6.婚約訂定後成為殘廢者。 7.婚約訂定後與人通姦者。 8.婚約訂定後受徒刑之宣告者。 9.有其他重大事由者。	民法第976條
撤 銷	例如錯誤、傳達不實、詐欺、脅迫等	民法第88、89、997條

■ 可以解除婚約嗎？

　　我國有關婚約解除之規定，分成兩種，其一是有理由之解除婚約，其二是無理由之解除婚約。

【民法第976條】..

　　　　婚約當事人之一方，有左列情形之一者，他方得解除婚姻約：

(一)婚約訂定後，再與他人訂定婚約或結婚者。

(二)故違結婚期約者。

(三)生死不明已滿一年者。

(四)有重大不治之病者。

(五)有花柳病或其他惡疾者。

(六)婚約訂定後成為殘廢者。

(七)婚約訂定後與人通姦者。

(八)婚約訂定後受徒刑之宣告者。

(九)有其他重大事由者。

依前項規定解除婚約者，如事實上不能向他方為解除之意思表示時，無須為意思表示，自得為解除時起，不受婚約之拘束。

　　本條所規定之情形，是指有理由的解除婚約。可是在本例中，是否構成這9款的事由，似乎看起來，頂多可以認為成立第9款「有其他重大事由者」。

　　如果連第9款的情況也不成立，則屬於無理由的解除婚約。其規定如下：

【民法第978條】

婚約當事人之一方，無第九百七十六條之理由而違反婚約者，對於他方因此所受之損害，應負賠償之責。

　　結婚，不能強迫為之，即使有婚約也是一樣。無論有無理由，皆可解除婚約。只是無理由的解除婚約，除了對於他方因此所受到的損害，必須加以賠償外，即使是非財產上的損害，受害人亦得請求賠償相當之金額。但以受害人無過失為限。（民979）

■ 聘禮之返還

當有婚約解除、無效或撤銷的情況時，即可要求對方返還贈與物。其規定如下：

【民法第979-1條】

> 因訂定婚約而為贈與者，婚約無效、解除或撤銷時，當事人之一方，得請求他方返還贈與物。

所謂贈與物，包括訂婚戒指、項鍊飾品、聘金等項目，都可以請求對方返還。但這些物品，必須是因為要訂定婚約而贈與，若與訂定婚約無關，只是一般性質的贈與，則不能請求返還。

法律達人的建議

兩人雖在訂婚後同居一處，僅有事實上夫妻關係，未發生結婚之法律效力；兩人婚約既然解除，男方有權要求女方返還贈與物，判決女方要將訂婚當天的鑽石飾品全部還給男方。

至於聘金部分，法院認為，民法規定請求返還訂婚贈與物，限於男女當事人間所授受的禮物；但當初男方將面額168萬元的聘金支票交給準岳父，卻向林女要求返還168萬元，求償對象錯誤，判林女不用還。

落跑新娘的損害賠償

實‧案‧追‧緝

　　落跑新娘，這部電影相信大家耳熟能詳。一位很想要愛情的新娘子，但是卻習慣性地在結婚典禮當天，眾家親友在場的情況下，一溜煙地逃離婚禮現場，留下尷尬的親朋好友，尤其是新郎。

　　無論在電影電視情節，或現實生活中，這種場景均時有耳聞。男女雙方論及婚假，且公開求婚、訂定婚約，喜帖都已經發出去了，婚宴都已經訂好了。但最後，卻因為個性、經濟等各種因素，打了退堂鼓。

　　前一篇文章已經討論過聘金的返還，那被放鴿子的一方能主張什麼權利呢？

法‧令‧分‧析

■ 可否強迫履行婚約

　　新娘落跑後，可否把新娘抓回來，然後強迫她履行婚約呢？如果拒絕，可否訴請法院強制執行呢？

　　婚約，雖然也是契約的一種，但是此種人身契約，是不能強迫履行，法令規定如下：

【民法第975條規定 】 ··

　　婚約，不得請求強迫履行。

··

　　如同前一篇文章的介紹，女方沒有理由就解除婚約，男方可以主張損害賠償，若男方沒有過失，還可以主張精神上的損害賠償，也就是所謂的慰撫金。

【民法第978條規定 】 ··

　　婚約當事人之一方，無第九百七十六條之理由而違反婚約者，對於他方因此所受之損害，應負賠償之責。

【民法第979條第1項規定 】 ··

　　前條情形，雖非財產上之損害，受害人亦得請求賠償相當之金額。但以受害人無過失為限。

··

■ 損害賠償的具體項目

　　財產上的損害賠償，例如拍攝婚紗照片、訂購結婚用品、宴請賓客辦桌費用等。

　　非財產上的損害賠償，例如內心造成的傷痛。

財產上的損害賠償	非財產上的損害賠償
拍攝婚紗照片	當事人傷痛程度
喜餅禮盒	名譽受害程度
宴請賓客辦桌費用	回復可能性與時間
珠寶手飾	雙方家庭背景與財務狀況
十二大禮	毀約之惡性情況
新婚旅遊	
租用汽車…等	

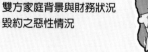

婚前契約

哪些內容有效？

■ 婚前契約有效嗎？

這是很多人都會想到的問題。

有些內容是不能訂定在婚前契約中的，例如約定結婚後，女方每週至少要與男方發生三次性行為，這種強制他人為一定行為的規定，有可能犯刑法強制罪刑，況且人身自由不得拋棄，此種有違強制規定或善良風俗，而屬無效的約定。

但夫妻雙方仍有一些內容，可以透過婚前契約加以約定，尤其是有些法令規定要求雙方約定之事項：例如：

項 目	內 容
子女姓氏	民法第1059條規定，子女的姓氏必須由父母雙方約定。
生活費負擔及自由處分金	若未約定財產制，則適用法定財產制。 民法第1018-1條規定：「夫妻於家庭生活費外，得協議一定數額之金錢，供夫或妻自由處分。」 民法第1003-2條第1項規定：「家庭生活費用，除法律或契約另有約定外，由夫妻各依其經濟能力、家事勞動或其他情事分擔之。」
家事分配	夫妻於日常家務，互為代理人。
夫妻住所地	民法第1002條規定：「夫妻之住所，由雙方共同協議之。」
侵權時之賠償金額	例如家庭暴力所造成之精神上損害

■ 如何訂定婚前契約

　　最佳的方式是透過法院公證，或委請律師擬定後，雙方在律師事務所簽訂，至少也要有公正第三人在場，以茲完成見證程序，證明雙方確實是完全瞭解婚前契約內容之自由意志下，所為的簽訂行為。

　　婚前契約若有多頁，應加蓋騎縫章，以茲證明其內容之連續性。證人也應尋找品行良好，不會事後翻臉不認帳，最好是男女雙方各找一人，儘量避免由當事人之一尋找。

　　委請律師的費用較昂貴，建議可以至法院公證處辦理，其契約效力較強，還可以作為執行命令，且內容是否合法，也先經過法院審核，未來較不會產生爭議。

■ 婚前契約書範本

　　本範本內容僅供參考，實際內容仍應視個人情況定之。

《婚前契約書》

甲方：◯◯◯（身分證字號：◯◯◯）
乙方：◯◯◯（身分證字號：◯◯◯）
甲乙雙方爰訂於　　年◯◯月◯◯日，締結良緣，為增進雙方未來之和諧婚姻關係，茲為下列約定：

一.雙方同意婚後，以下列方式之一決定夫妻姓氏：
□保有本姓
□夫冠妻姓
□妻冠夫姓

二.雙方同意以◯◯◯為住所，如日後有變更住所之必要時，雙方願基於平等原則進行協議；若雙方育有子女時，應以子女最大利益為住所地之考量。

三.雙方同意婚後之夫妻財產制為下列方式之一，並於婚後共同前往管轄法院辦理登記。
□法定財產制
□約定財產制—共同財產制
□約定財產制—分別財產制

四.雙方應本於互信互諒之原則，進行家務之分工。

五.雙方同意婚後之生活費、子女扶養費用，依據下列方式之一分擔之：
□甲方負擔全部
□乙方負擔全部
□雙方各分負擔二分之一。
□夫妻雙方實際收入決定分擔比例
□其他方式：
如因經濟狀況顯有變更者，得另行協議。

六.雙方同意婚後應由◯方每月支付自由處分金予◯方，惟經濟狀況顯有變更者，得另行協議。。

七.雙方所生子女權利義務之行使及負擔，由雙方共同任之，如夫妻對子女權利義務之行使及負擔有不一致之情形，應本於子女最大利益原則協議之。

八.立約人承諾婚後互負貞操、忠誠義務，絕對不發生家庭暴力，違反者應給付他方精神上損害新台幣◯◯◯元。

九.特約事項：
□◯方應戒除吸煙、酗酒等不良習慣。
□其他：

十.一方若有違反前述約定者，應給付他方懲罰性賠償金新台幣◯◯◯元。

立約人：
甲　方：◯◯◯　印
乙　方：◯◯◯　印
見證人：◯◯◯　印

中　華　民　國　◯◯◯　年　◯◯　月　◯◯　日

Part IV
結婚篇

婚姻的要件

【　登記婚制度　】

人　實·案·追·組

■ 吳宗憲條款

　　吳宗憲的戀愛不斷，從陳孝萱、Candy等，甚至於還公開向陳孝萱表白，送了昂貴的保時捷保車，情史讓人眼花瞭亂。後來，有民眾爆料，吳宗憲已在民國80年左右，與張葳葳結婚生子。但是為了星運順暢，遂暫時沒有向戶政機關為結婚登記，並允諾成功後，將公開兩人的關係。

　　只是，這段婚姻是由別人所公開，2001年，兩人正式登記婚姻關係，並將二億餘元的豪宅登記在女方名下。

🔍　法·令·分·析

■ 修法成登記婚主義

　　以前民法結婚的規定，只要公開儀式、兩人以上之證人，即屬結婚，是採取「儀式婚主義」。即便事後沒有進行結婚登記，也只是行政上的處罰而已，並不影響結婚之效力。

況且，我國離婚制度採取登記制度，結婚沒有登記，離婚卻要登記，不但奇怪，也難以配合，故應該統一制度。

2007年，民法修正通過，將改採登記婚主義。規定如下：

【民法第982條規定】..

　　結婚應以書面為之，有二人以上證人之簽名，並應由雙方當事人向戶政機關為結婚之登記。

....

未來即便沒有結婚儀式，只要有書面、證人及登記三大要件，婚姻即屬有效，以強化婚姻公示的效果。有戲稱本修正規定為「吳宗憲條款」，許多名人將難以掩藏自己的婚姻狀況。

何時正式施行？

民法第982條規定於2007年5月23日修正公佈，必須自修正公佈後一年施行，也就是須待2008年5月23日才正式採行登記婚主義。

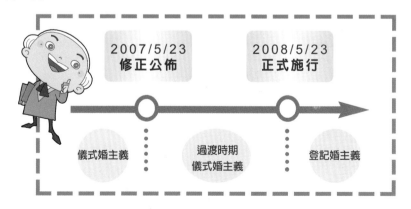

【 假結婚 】

■ 假結婚夫不離，妻自首要自由

台東市張姓婦人為了讓鄰居的大陸籍哥哥可以順理成章的來台工作，同意辦理假結婚，雙方並約定三年後雙方離婚。

沒想到，事隔三年後，這位大陸人士可能是因為工作穩定，所以拒絕離婚。張姓婦人只好自首，而被依照偽造文書罪名判處有期徒刑6月、緩刑3年。

■ 為了賺錢，假結婚，真生小孩

李姓女子冒用雙胞胎妹妹的名字，應徵代理孕母，以假結婚方式，替雇用者王醫師生小孩。懷孕過程中，李姓女子發現母子情深，決定要小孩不要錢。

王醫師火大，以倆人沒有結婚真意，向法院提起確認婚姻無效之訴，李姓女子則向檢方自首偽造文書，以便恢復為小孩生母的身分，雙方展開子女爭奪戰。

法·令·分·析

■ 假結婚算不算結婚？

（一）民法修法的影響

結婚也算是契約的一種型態，雙方對於成立結婚契約，也必須要有真正結婚的意思表示，如果並無結婚之意思表示，則

結婚契約並不會成立。

基於成本考量，一般假結婚都沒有舉辦結婚儀式，也沒有宴請賓客。過去採「儀式婚」主義，假結婚的雙方當事人都沒有舉行結婚儀式，而是在談妥酬勞後，由雙方到戶政事務所辦理結婚登記。

因此，相關案件還不需要探究到當事人之真意，只要判斷有沒有結婚儀式即可。

唯現在民法改採「登記婚」主義，只要有結婚書面、二人以上證人之簽名，再到戶政機關登記，結婚就算成立。因此，未來適用新法之婚姻，在判斷是否為假結婚，則恐怕必須探究當事人的真意。

假結婚、替別人生小孩，若能證明結婚欠缺真意，當然可以訴請法院確認結婚無效。

（二）準據法：應適用哪裡的法律？

依據臺灣地區與大陸地區人民關係條例第52條第1項規定，應依行為地之法律。本案若是在台灣結婚，所以應該適用台灣地區之法律，也就是我國民法的規定。

因此，過去只有辦理婚姻登記的假結婚，兩造並無結婚之真意，卻惡意串通辦理結婚，依據民法第982、988條規定，得訴請法院確認婚姻關係無效。

如果是在大陸地區結婚，則應適用大陸地區之法律。

依據大陸地區中華人民共和國民法通則第55條規定，民事法律行為應當具備下列條件：第一，行為人具有相應的民事行

為能力；第二，意思表示真實。又同法第58條第1項第4款規定，惡意串通，損害國家、集體或者第三人利益的民事行為無效。

因此，假結婚雙方並無結婚之真意，卻惡意串通辦理結婚，兩造之婚姻關係無效，當事人得起訴確認兩造間婚姻關係無效。（參照臺灣台北地方法院95年度家訴字第90號、95年度家訴字第91號民事判決）

惡意串通辦理
結婚是無效的喔！

婚姻的撤銷

【 詐欺、脅迫結婚 】

實·案·追·緝

■ 膨風的男人，詐欺的婚姻

　　志明為達到與春嬌結婚的目的，竟然謊稱自己精於股票操作，每月薪資收入高達10萬元，且家境富裕、有相當之積蓄，婚後將購買新房、換進口汽車，原告婚後可辭掉工作及財物歸原告管理。

　　志明為取得女方家屬支持，還假裝替春嬌母親操作股票獲利，並匯款35萬餘元，以取得春嬌信賴；此外，還出示300萬元銀行儲蓄之存款存摺影本，致使春嬌陷於錯誤，遂同意成婚。

　　婚後不久，春嬌才發現志明欠債累累，欠債220萬元，根本就是卡奴，300萬元還是向地下錢莊所借，讓原告誤信其很有錢的。志明並承認股票操作獲利的35萬餘元，也是假的，還要求春嬌母親返還。

法·令·分·析

【 民法第997條規定 】

因被詐欺或被脅迫而結婚者，得於發見詐欺或脅迫終止後，六個月內向法院請求撤銷之。

所謂「因被詐欺而結婚者」，係指凡結婚當事人之一方，為達與他方結婚之目的，隱瞞其身體、健康或品德上某種缺陷，或身分、地位上某種條件之不備，以詐術使他方誤信自己無此缺陷或有此條件而與之結婚者而言。

因被詐欺而結婚，仍須詐欺行為人之詐欺與被詐欺人之陷於錯誤，以及雙方之結婚，三者間有因果關係存在，始足成立。此有最高法院92年度台上字第212 號民事裁判要旨資參照。

因此，在本案中，法院認為以不實之經濟條件欺瞞他方，而達成與他方結婚之目的，構成受詐術而結婚。

（高雄地方法院94年度家訴字第69號民事判決）

我受騙了…

婚姻生活

【 夫妻財產制及生活費用負擔 】

■ 夫妻財產制

　　我國民法將夫妻財產制分成三種類型，夫妻雙方有約定，則採約定財產制；沒有約定，則適用法定財產制。

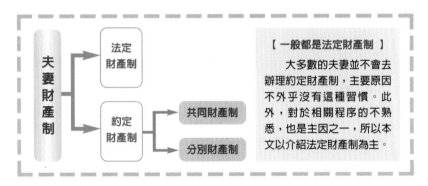

【 一般都是法定財產制 】

　　大多數的夫妻並不會去辦理約定財產制，主要原因不外乎沒有這種習慣。此外，對於相關程序的不熟悉，也是主因之一，所以本文以介紹法定財產制為主。

家庭生活費之負擔

　　早期的台灣社會，「男主外，女主內」，由男方負擔家庭生活費用，屬於理所當然。

　　隨著男女平權的意識增強，專職的家庭主婦已大為減少，家庭生活費不再單獨由男方承擔。因此，若採法定財產制，共

有財產之部分應支付生活費用。當然，雙方也可以協議一定數額之金錢，供夫或妻自由支配。

　　例如，雙方賺的薪水，除了支付生活費用外，約定夫每天可以有500元的零用金。

【 家暴保護令只是一張紙 】

實・案・追・緝

■ 王育誠家庭暴力疑雲案

　　前台北市議員王育誠被控毆打前妻，遭法院判刑一年(減刑為6月)，得易科罰金。

　　本案源於2006年8月間，黃女向法院聲請保護令獲准。2007年1月底，王育誠因為女兒照顧問題，在前妻位於北市萬

大路住處，和前妻父母、哥哥發生爭執，涉嫌動手毆打前來阻止的前妻。

爲此，王某還召開記者會，說了一段名言：「女人不可怕，前妻最可怕；我王育誠要補上一句話，前妻不可怕，前妻說謊最可怕。」

法·令·分·析

王某認為驗傷單中又沒有顯示出如黃女所言的傷勢，居然因此而判刑，非常不滿。筆者認為重點應該是違反保護令中的「禁止騷擾之裁定罪」，與傷勢內容究竟為何，並無關係。

從法院判決中指出王育誠「濫用市議員職權威逼黃美津離婚」，還對黃美津施暴。顯見至少有施暴的「類似情況」，不論施暴有無造成傷害，只要干擾到黃女的生活，都已經構成騷擾了。

另外，也常聽到許多獲得保護令的一方，法院核發保護令之後，還是被打，甚至於被殺害，雖然最後加害者多會遭到法律制裁，但這也告訴我們有了保護令，不代表就能夠高枕無憂。

畢竟男女雙方的問題，有時候解決方式並不理性，法律的鉗制未必能使當事人頭腦清醒。因此，即便有保護令，這仍然只是一張紙，不是被保護人的貼身保鑣，自身的安危還是要多加小心。

遭受「家暴」而想離婚的人，受暴者每次遭毆打時，應先趕快用數位相機或攝影機把自己的傷勢拍下來，再去醫院驗傷，並且保留驗傷單，以作為未來打離婚官司之用。

《家庭暴力，如何蒐集證據》

❶人證　　❷攝錄影　　❸醫院驗傷

【驗傷單】
　　驗傷單分成甲式與乙式，甲式驗傷單之價格較乙式驗傷單之價格為貴，但是對於法官採證並沒有不同，同樣可以被法官認定是家庭暴力的有力證據。
【中醫醫院或推拿中心的治療單】
　　有時候沒有明顯外傷，醫院可能驗不出傷。有些會以中醫醫院或推拿中心的治療單作為證明，此種證據力較為薄弱，僅能作為輔佐之證明。

⊙緊急保護令　　⊙暫時保護令　　⊙通常保護令

■ 聲請民事緊急保護令

··········《民事緊急保護令聲請狀》··········

案號：

承辦股別：

訴訟標的金額或價額：

聲　請　人：○○○　　住居所：○○○○○○

法定代理人：○○○　　住居所：○○○○○○

代　理　人：○○○　住居所：○○○○○○
被　害　人：○○○　住居所：○○○○○○
相　對　人：○○○　住居所：○○○○○○

為聲請緊急保護令事：

聲請意旨

聲請對相對人核發下列內容之緊急保護令（請勾選符合您所欲聲請之保護令內容）：

☐相對人不得對下列之人實施身體或精神上不法侵害之行為：

☐被害人；☐被害人子女（姓名）；☐被害人其他家庭成員（姓名）。

☐相對人不得對於被害人為下列聯絡行為：

☐騷擾；☐接觸；☐跟蹤；☐通話；☐通信；☐其他。

☐相對人應在○年○月○日○時前遷出被害人之下列住居所：○○○○○○○○○○，
　　將全部鑰匙交付被害人。☐相對人不得就上開不動產（包括建物及其座落土地）為任
　　何處分行為；亦不得為下列有礙於被害人使用該不動產之行為：☐出租；☐出借；☐
　　設定負擔；☐其他。

☐相對人應遠離下列場所至少○○○公尺：

☐被害人住居所（地址：　　　　　　　　　　　　　　　）：

☐被害人學校（地址：　　　　　　　　　　　　　　　　）：

☐被害人工作場所（地址：　　　　　　　　　　　　　　）：

☐其他被害人或其特定家庭成員經常出入之場所及其地址：＿＿＿＿＿＿＿＿＿＿。

☐相對人應遠離下列區域☐　　縣（市）　　鄉鎮市　　以東　　以西　　以南　　以
　　北。☐鄰里。☐其他　　　　　　。

☐下列物品之使用權歸被害人：☐汽車（車號：○○○）；☐機車（車號：　）；☐其
　　他物品○○。☐相對人應於○○年○○月○○日○○時前，在○○○○○○將上開物
　　品連同相關證件、鑰匙等交付被害人。

☐下列未成年子女權利義務之行使或負擔，暫定由☐被害人、☐相對人、☐被害人及相
　　對人共同，以下述方式任之：未成年子女姓名、性別、出生年月日、權利義務行使負
　　擔之內容及方法：○○○。

□相對人應於　年　月　日　午　時前，將子女　　　　　　交付被害人。

□禁止相對人查閱被害人及受其暫時監護之未成年子女（姓名）下列資訊：□戶籍、□學籍、□所得來源、□其他＿＿＿。

□其他保護被害人及其特定家庭成員之必要命令

□程序費用由相對人負擔。

原因事實

(請勾選符合您本件聲請之事實，如有其他補充陳述，請在「其他」項下填寫)

(一)被害人、相對人之關係：□婚姻中（□共同生活□分居）□離婚；　□現有或□曾有下列關係：□同居關係□家長家屬□家屬間□直系血親□直系姻親□四親等內旁系血親□四親等內旁系姻親□其他：＿＿＿＿＿＿。

(二)被害人之職業　　　、經濟狀況　　　、教育程度　　　；相對人之職業　　　、經濟狀況　　　教育程度　　　；□有共同子女　人；其中未成年子女　人，姓名及年齡＿＿＿＿＿＿＿＿。

(三)家庭暴力發生之時間、原因、地點，及被害人有受家庭暴力急迫危險之事由：　發生時間：　年　月　日　時　分　發生原因：□感情問題□個性不合□口角□慣常性虐待□酗酒□施用毒　　　品、禁藥或其他迷幻藥物□財務問題□兒女管教問題□親屬相處問題□不良嗜好□精神異常□出入不當場所（場所種類：　　　　　　　）□其他：＿＿＿＿＿＿＿＿。　發生地點：＿＿＿＿＿＿＿＿。

被害人有受家庭暴力急迫危險之事由：＿＿＿＿＿＿＿＿。

(四)被害人及其家庭成員是否遭受相對人暴力攻擊？□是□否；如是，遭受攻擊者姓名：　，係□兒童□少年□成人□老人。　遭受何種暴力？□普通傷害□重傷害□殺人未遂□殺人□性侵害□妨害　自由□其他　　　　　　　。攻擊態樣：□使用槍枝□使用刀械□使用棍棒□徒手□其他：＿＿＿＿＿。　是否受傷？□是□否，如是，受傷部位：＿＿＿＿＿＿＿＿＿＿＿＿。　是否驗傷？□是□否，如是，是否經醫療院所開具驗傷單？□是□否。

(五)被害人及其家庭成員是否遭受相對人恐嚇、脅迫、辱罵及其他精神上不法侵害？□是
□否。如是，其具體內容為：＿＿＿＿＿＿＿＿。

(六)是否有任何財物毀損？□是□否，如是，被毀損之物品為：＿＿＿＿＿，屬於＿＿＿所
有。

(七)相對人以前是否曾對被害人及其家庭成員實施暴力行為？□是□否，如是，共 次，
最近一次之時間： 年 月 日，被害人：＿＿＿＿＿。 相對人以前是否曾因家庭暴力
行為，經法院核發民事保護令？□是□否，如是，共 次。

(八)相對人以前是否曾以言詞、文字或其他方法恐嚇被害人不得報警或尋求協助？□是□
否。

(九)相對人以前是否曾受□認知教育輔導、□心理輔導、□精神治療、□戒癮治療（□酒
精、□藥物濫用、□毒品、□其他＿＿＿＿）、□其他＿＿＿？ 如是，其治療或輔導機
構為：＿＿＿＿＿，成效如何？＿＿＿＿＿＿＿。

(十)被害人希望相對人交付物品之場所為：＿＿＿＿＿＿＿＿＿＿＿。

(十一)被害人是否要求對其本人及子女之住居所予以保密？□是□否。

(十二)其他：

．．．

此致　臺灣○○地方法院家事法庭　公鑒

證物名稱及件數：

證一：證人姓名及住所。

證二：證物。

中　華　民　國　　○○○○　　年　　○○　　月　　○○　　日

具狀人：○○○　印□

撰狀人：○○○　印□

■ **聲請民事暫時保護令**

《 民事暫時保護令聲請狀 》

案號：

承辦股別：

訴訟標的金額或價額：

聲　請　人：○○○　住居所：○○○○○○

法定代理人：○○○　住居所：○○○○○○

代　理　人：○○○　住居所：○○○○○○

被　害　人：○○○　住居所：○○○○○○

相　對　人：○○○　住居所：○○○○○○

為聲請緊急保護令事：

聲請意旨

聲請對相對人核發下列內容之緊急保護令（請勾選符合您所欲聲請之保護令內容）：

☐相對人不得對下列之人實施身體或精神上不法侵害之行為：☐被害人；☐被害人子女（姓名）○○○；☐被害人其他家庭成員（姓名）○○○。

☐相對人不得對於被害人為下列聯絡行為：☐騷擾；☐接觸；☐跟蹤；☐通話；☐通信；☐其他＿＿＿＿＿＿＿＿。

☐相對人應在　年　月　日　時前遷出被害人之下列住居所：＿＿＿＿＿＿＿＿＿，將全部鑰匙交付被害人。☐相對人不得就上開不動產（包括建物及其座落土地）為任何處分行為；亦不得為下列有礙於被害人使用該不動產之行為：☐出租；☐出借；☐設定負擔；☐其他＿＿＿＿＿＿＿。

☐相對人應遠離下列場所至少　　公尺：

☐被害人住居所（地址：　　　　　　　　　　）；

☐被害人學校（地址：　　　　　　　　　　）；

☐被害人工作場所（地址：　　　　　　　　　　）；

☐其他被害人或其特定家庭成員經常出入之場所及其地址：＿＿＿＿＿。

□相對人應遠離下列區域□　　縣（市）　　鄉鎮市　　以東　　以西　　以南　　以
　北。　□鄰　里。□其他　　　　　　。

□下列物品之使用權歸被害人：□汽車（車號：○○○）；□機車（車號：　）；□其他
　物品○○。□相對人應於○○年○○月○○日○○時前，在○○○○○○將上開物品連
　同相關證件、鑰匙等交付被害人。

□下列未成年子女權利義務之行使或負擔，暫定由□被害人、□相對人、□被害人及相對
　人共同，以下述方式任之：未成年子女姓名、性別、出生年月日、權利義務行使負擔之
　內容及方法：○○。

□相對人應於　年　月　日　午　時前，將子女　　　　　　　交付被害人。

□禁止相對人查閱被害人及受其暫時監護之未成年子女（姓名）下列資訊：□戶籍、□學
　籍、□所得來源、□其他　　。

□其他保護被害人及其特定家庭成員之必要命令

□程序費用由相對人負擔。

原因事實

(請勾選符合您本件聲請之事實，如有其他補充陳述，請在「其他」項下填寫)

(一)被害人、相對人之關係：□婚姻中（□共同生活□分居）□離婚；　□現有或□曾有
　　下列關係：□同居關係□家長家屬□家屬間□直系血親□直系姻親□四親等內旁系血
　　親□四親等內旁系姻親□其他：　　　　　　。

(二)被害人之職業　　　、經濟狀況　　　、教育程度　　　；相對人之職業　　　、經
　　濟狀況　　　教育程度　　　；□有共同子女　人；其中未成年子女　人，姓名及年
　　齡　　　　　　　　。

(三)家庭暴力發生之時間、原因、地點，及被害人有受家庭暴力急迫危險之事由：　發生
　　時間：　年　月　日　時　分　發生原因：□感情問題□個性不合□口角□慣常性虐
　　待□酗酒□施用毒　　品、禁藥或其他迷幻藥物□財務問題□兒女管教問題□親
　　屬相處問題□不良嗜好□精神異常□出入不當場所（場所種類　：　　　　　）
　　□其他：　　　　　　　　　　　　　　　　　　　　　　　　。發
　　生地點：　　　　　　　　　　　　　　　　　　　　　　。

(四)被害人及其家庭成員是否遭受相對人暴力攻擊？□是□否；如是，遭受攻擊者姓名：
　　，係□兒童□少年□成人□老人。　遭受何種暴力？□普通傷害□重傷害□殺人未遂
　　□殺人□性侵害□妨害　自由□其他　　　　　。攻擊態樣：□使用槍枝□使用刀械□
　　使用棍棒□徒手□其他：　　　　　。是否受傷？□是□否，如是，受傷部位：
　　。是否驗傷？□是□否，如是，是否經醫療院所開具驗傷單？□是□否。

(五)被害人及其家庭成員是否遭受相對人恐嚇、脅迫、辱罵及其他精神上不法侵害？□是
　　□否。如是，其具體內容為：　　　　　　　　。

(六)是否有任何財物毀損？□是□否，如是，被毀損之物品為：　　　　，屬於　　　所
　　有。

(七)相對人以前是否曾對被害人及其家庭成員實施暴力行為？□是□否，如是，共　　次，
　　最近一次之時間：　年　月　日，被害人：　　　。相對人以前是否曾因家庭暴力
　　行為，經法院核發民事保護令？□是□否，如是，共　　次。

(八)相對人以前是否曾以言詞、文字或其他方法恐嚇被害人不得報警或尋求協助？□是□
　　否。

(九)相對人以前是否曾受□認知教育輔導、□心理輔導、□精神治療、□戒癮治療（□酒
　　精、□藥物濫用、□毒品、□其他　　　）、□其他　　　？　如是，其治療或輔導機
　　構為：　　，成效如何？　　　　　。

(十)被害人希望相對人交付物品之場所為：　　　　　　　　　。

(十一)害人是否要求對其本人及子女之住居所予以保密？□是□否。

(十二)其他：

‥‥‥‥‥‥‥‥‥‥‥‥‥‥‥‥‥‥‥‥‥‥‥‥‥‥‥‥‥‥‥‥‥

此致　　臺灣○○地方法院家事法庭　公鑒

證物名稱及件數：

證一：證人姓名及住所。

證二：證物。

中　華　民　國　　○○○○　　年　　○○　　月　　○○　　日

　　　　　　　　　　　具狀人：○○○　印□

　　　　　　　　　　　撰狀人：○○○　印□

■ 聲請民事通常保護令

《 民事暫時保護令聲請狀 》

案號：

承辦股別：

訴訟標的金額或價額：

聲　請　人：○○○　住居所：○○○○○○

法定代理人：○○○　住居所：○○○○○○

代　理　人：○○○　住居所：○○○○○○

被　害　人：○○○　住居所：○○○○○○

相　對　人：○○○　住居所：○○○○○○

爲聲請緊急保護令事：

聲請意旨

聲請對相對人核發下列內容之緊急保護令（請勾選符合您所欲聲請之保護令內容）：

□相對人不得對下列之人實施身體或精神上不法侵害之行爲：□被害人；□被害人子女

（姓名）　　　　；□被害人其他家庭成員（姓名）　　　　。

□相對人不得對於被害人爲下列聯絡行爲：□騷擾；□接觸；□跟蹤；□通話；

□通信；□其他　　　。

□相對人應在　年　月　日　時前遷出被害人之下列住居所：　　　　，將全部鑰匙交

付被害人。□相對人不得就上開不動產（包括建物及其座落土地）爲任何處分行爲；

亦不得爲下列有礙於被害人使用該不動產之行爲：□出租；□出借；□設定負擔；

□其他　　　。

□相對人應遠離下列場所至少　　　公尺：

□被害人住居所（地址：　　　　　　　　　　　　　　）：

□被害人學校（地址：　　　　　　　　　　　　　　）：

□被害人工作場所（地址：　　　　　　　　　　　　）：

□其他被害人或其特定家庭成員經常出入之場所及其地址：　　　　　　。

□相對人應遠離下列區域□　　縣（市）　　鄉鎮市　以東　　以西　　以南　以
北。　□鄰里。□其他＿＿＿＿＿。

□下列物品之使用權歸被害人：□汽車（車號：○○○）；□機車（車號：　）；□其他
物品○○。□相對人應於○○年○○月○○日○○時前，在○○○○○○將上開物品連
同相關證件、鑰匙等交付被害人。

□下列未成年子女權利義務之行使或負擔，暫定由□被害人、□相對人、□被害人及相對
人共同，以下述方式任之：未成年子女姓名、性別、出生年月日、權利義務行使負擔之
內容及方法：○○○。

□相對人應於　年　月　日　午　時前，將子女　　　　　交付被害人。

□相對人得依下列時間、地點、方式與前開未成年子女會面交往：

時間：＿＿＿＿＿＿＿＿＿＿＿＿＿＿＿＿＿。

地點：＿＿＿＿＿＿＿＿＿＿＿＿＿＿＿＿＿。

方式：＿＿＿＿＿＿＿＿＿＿＿＿＿＿＿＿＿。

□相對人不得與前開未成年子女為任何會面交住。

□相對人應按月於每月　　　日前給付被害人：□住居所租金（新臺幣，下同）　　　元、
□扶養費　　　元、□未成年子女（姓名）　　　之扶養費　　　元。

□相對人應交付下列費用予被害人或特定家庭成員（姓名）　　　：□醫療費用
元、□輔導費用　　　元、□庇護所費用　　　元、□財物損害費用　　　元、□其他
費用　　　元。

□相對人應完成下列處遇計畫：□認知教育輔導、□心理輔導、□精神治療、□戒癮治療
（□酒精、□藥物濫用、□毒品、□其他　　　），□其他　　　。

□相對人應負擔律師費　　　　元。

□禁止相對人查閱被害人及受其暫時監護之未成年子女（姓名）下列資訊：□戶籍、□學
籍、□所得來源、□其他　。

□其他保護被害人及其特定家庭成員之必要命令

□程序費用由相對人負擔。

原因事實

(請勾選符合您本件聲請之事實,如有其他補充陳述,請在「其他」項下填寫)

(一)被害人、相對人之關係:□婚姻中(□共同生活□分居)□離婚; □現有或□曾有
下列關係:□同居關係□家長家屬□家屬間□直系血親□直系姻親□四親等內旁系血
親□四親等內旁系姻親□其他: 。

(二)被害人之職業 、經濟狀況 、教育程度 ;相對人之職業 、經
濟狀況 教育程度 :□有共同子女 人;其中未成年子女 人,姓名及年
齡 。

(三)家庭暴力發生之時間、原因、地點,及被害人有受家庭暴力急迫危險之事由: 發生
時間: 年 月 日 時 分 發生原因:□感情問題□個性不合□口角□慣常性虐
待□酗酒□施用毒 品、禁藥或其他迷幻藥物□財務問題□兒女管教問題□親
屬相處問題□不良嗜好□精神異常□出入不當場所(場所種類 :)
□其他: 。 發生地點: 。

(四)被害人及其家庭成員是否遭受相對人暴力攻擊?□是□否;如是,遭受攻擊者姓名:
,係□兒童□少年□成人□老人。 遭受何種暴力?□普通傷害□重傷害□殺人未遂
□殺人□性侵害□妨害 自由□其他 。 攻擊態樣:□使用槍枝□使用刀械□
使用棍棒□徒手□其他: 。 是否受傷?□是□否,如是,受傷部位:
。 是否驗傷?□是□否,如是,是否經醫療院所開具驗傷單?□是□否。

(五)被害人及其家庭成員是否遭受相對人恐嚇、脅迫、辱罵及其他精神上不法侵害?□是
□否。如是,其具體內容為: 。

(六)是否有任何財物毀損?□是□否,如是,被毀損之物品為: ,屬於 所
有。

(七)相對人以前是否曾對被害人及其家庭成員實施暴力行為?□是□否,如是,共 次,
最近一次之時間: 年 月 日,被害人: 。 相對人以前是否曾因家庭暴力
行為,經法院核發民事保護令?□是□否,如是,共 次。

123

(八)相對人以前是否曾以言詞、文字或其他方法恐嚇被害人不得報警或尋求協助？□是□否。

(九)相對人以前是否曾受□認知教育輔導、□心理輔導、□精神治療、□戒癮治療（□酒精、□藥物濫用、□毒品、□其他）、□其他 _____？

　如是，其治療或輔導機構爲：_____，成效如何？_____。

(十)被害人希望相對人交付物品之場所爲：_____。

(十一)被害人是否要求對其本人及子女之住居所予以保密？□是□否。

(十二)其他：

此致　　臺灣○○地方法院家事法庭　公鑒

證物名稱及件數：

證一：證人姓名及住所。

證二：證物。

中 華 民 國 　○ ○ ○ ○ 　年 　○ ○ 　月 　○ ○ 　日

　　　　　　　　　具狀人：○○○　印 □

　　　　　　　　　撰狀人：○○○　印 □

上述保護令狀簡明易懂，直接依表格填寫即可。

【　夫妻債務　】

實·案·追·緝

■ 老師上吊，求債主放過妻女

賭，讓人失去美好的家庭。

一位即將退休的黃姓老師，疑被索討賭債，被逼上吊自殺死亡，留下一封遺書，「拜託各位債主，請放過這對母女」。爲了償還賭債，黃姓老師向許多同事借錢，所以除了賭債，應該還有一般的借款。

實在是一起很無奈的悲劇。

法·令·分·析

在這裡有兩點重點要說明：

第一，賭債非債

賭，違反我國善良風俗。因此，賭債不能透過法律加以主張。換言之，這些賭博業者不能夠向黃姓老師起訴請求，當然也就沒有債務繼承的問題。

第二，債務會繼承給下一代

繼承，不只繼承財產，也會繼承債務。由於黃姓老師為了償還賭債，有向其他人借錢。原本債務僅及於自己，即使是最親密的老婆、小孩、父母，不必負擔債務。但是債務人離開人間之後，債務卻可能因為繼承，而必須由繼承人承擔，這也是一般人最容易輕忽的地方。

那該怎麼辦？

民法上有「拋棄繼承」與「限定繼承」，可以避免債務移轉給下一代。但是有時間上的限制，超過期間就不能主張囉！

可參考Part V 繼承篇之「父債，子要還嗎？」

父債，子要還嗎？

父母子女

【 子女姓氏 】

實·案·追·緝

■ 協議新生兒從母姓，斗六僅1件

　　實務上曾發生一起「遺腹子」的案例，孩子媽媽希望孩子能從父姓，因無法出示約定書，只好抽籤決定，還好，抽籤結果是「從父姓」，總算皆大歡喜。

　　類似這種父親或母親一方死亡、或行方不明或無行為能力，須出示約定書，否則會被視為協議約定不成須抽籤的規定。這時候小孩子的姓氏就要靠運氣了。不過，若是戶政單位能夠通融，讓母親抽籤到滿意為止，相信就能夠補足法令不夠完善的結果。

法·令·分·析

■ 子女姓氏，父母約定

　　有關子女的姓氏，已經不是原則從父姓，而是必須由父母雙方約定。目前新生兒要登記戶籍時，填寫的表格都會要求須父母雙方簽名約定子女的姓氏。

相關條文如次：

【民法第1059條規定】

父母於子女出生登記前，應以書面約定子女從父姓或母姓。

子女經出生登記後，於未成年前，得由父母以書面約定變更爲父姓或母姓。

子女已成年者，經父母之書面同意得變更爲父姓或母姓。

前二項之變更，各以一次爲限。

有下列各款情形之一，且有事實足認子女之姓氏對其有不利之影響時，父母之一方或子女得請求法院宣告變更子女之姓氏爲父姓或母姓：

一、父母離婚者。

二、父母之一方或雙方死亡者。

三、父母之一方或雙方生死不明滿三年者。

四、父母之一方曾有或現有未盡扶養義務滿二年者。

在子女未成年之前，父母雙方還是可以約定變更姓氏。若子女成年後，想要改姓，也可以經由父母之書面同意變更之。

■ 離婚後，小孩不要冠夫姓，可以嗎？

過去常發生夫妻離婚後，取得監護權的一方想要更改子女的姓氏，例如女方取得小孩子的監護權，小孩子冠夫姓，當女

方再婚後，不想要小孩子冠前夫之姓，往往很難改姓。

　　本次立法修正後，對於父母離婚者，可以請求法院介入，變更子女的姓氏。但要特別注意者，請求之一方，必須舉證證明子女的姓氏有不利的影響。

■ 未婚生子的情況

　　現代男女，許多不喜歡婚姻上的約束，因此有了小孩卻未結婚的情況繁多，原則上子女從母姓。若經生父認領者，則可以經父母雙方同意，變更子女的姓氏。其規定如下：

【民法第1059-1條規定】...

　　　　非婚生子女從母姓。經生父認領者，適用前條第二項至第四項之規定。

　　　　非婚生子女經生父認領，而有下列各款情形之一，且有事實足認子女之姓氏對其有不利之影響時，父母之一方或子女得請求法院宣告變更子女之姓氏為父姓或母姓：

　　　　一、父母之一方或雙方死亡者。

　　　　二、父母之一方或雙方生死不明滿三年者。

　　　　三、非婚生子女由生母任權利義務之行使或負擔者。

　　　　四、父母之一方曾有或現有未盡扶養義務滿二年者。

【 收養 】

實·案·追·組

■ 如果老媽是許純美

　　螢幕上光鮮亮麗的許純美，能夠有機會成為鎂光燈的關注焦點，也許是她的一生願望，但從另外一個角度觀察，卻或許是消費女兒的戰果。

　　最初，因為其狼狽不堪的女兒，流落在大賣場中被人發現，尋線找到老媽之後，才發現是有錢人家。

　　這位可能因為迷信而不要女兒的富媽媽，上媒體辯解自己不是狠心老媽，還不經意地暗示媒體不要小看她，她可是很多影視紅星在追的，對於嗜血的媒體而言，這可是非常好發揮的題材。

　　不過，許純美這三個字上了新聞媒體，可未必產生正面的效應。看看這兩則新聞，就可見端倪：

⊙聯合報96.2.9日一則「罵人許純美　公然侮辱起訴」，報導內容是倆名髮廊的員工發生口角，其中一人說對方「學佛學到那裡去了，跟許純美有什麼不同？」被檢察官依公然侮辱罪起訴。所謂公然侮辱罪，必須以帶有貶抑他人名譽的字眼指述對方，才構成犯罪。看來，檢察官認為用這三個字形容其他人，有著貶抑他人的意思。真慘！

⊙更慘的是，聯合報94年3月22日「譏妻長得像許純美　判

離」，報導內容是彰化縣林姓國小女代課老師常被丈夫譏笑「長得像許純美」，還說「妳是什麼貨色」等，法官認為男方的言行「極盡羞辱」，判准離婚。這……真是我佛慈悲啊！

不過最令人難以忍受的事情，卻是許純美將女兒小雲出養的理由。

小雲剛被移送法院時，說她出身富豪家庭、卻被母親視為不祥亡靈轉世，而把她送給表姨領養。(聯合報92年11月25日報導)

雖然許純美事後否認此一說法，但是報導中引述收養的親戚與小雲的說詞，似乎又是真的。況且，小雲被發現在賣場時，找到許純美，一開始她還認為已經將小雲出養給親戚，跟她毫無關係。

這種說法只能在法律上站得住腳，或許在法律上沒有關係了，但是畢竟屬於她的骨肉，難道就這麼冷血嗎？

到底誰才是不祥亡靈轉世呢？

就算小雲是亡靈轉世，難道不會用佛法來挽救苦難的亡靈嗎？

只能說有些人投胎到好的人家，有些人卻不幸地投胎到迷信人家。

法·令·分·析

許純美將女兒出養給他人，是否就與女兒不再有關係了。

讓我們先來看下列條文：

【民法第1077條第1, 2項規定 】······························

> 養子女與養父母及其親屬間之關係，除法律另有規定
> 外，與婚生子女同。
>
> 養子女與本生父母及其親屬間之權利義務，於收養關
> 係存續中停止之。但夫妻之一方收養他方之子女時，他方
> 與其子女之權利義務，不因收養而受影響。

···

第1項規定，養子女與養父母及其親屬間之關係，擬制與婚
生子女相同。另依據第2項規定，與本生父母之間，在收養的這
一段期間內，停止之。

因此，許純美的案例中，既然已經將小雲出養給他人，與
小雲間父母子女的權利義務關係，就當然停止。因此，許純美
認為與小雲已經沒有關係了，這在法律上似乎站得住腳。但畢
竟還是她懷胎十月所生，真的有必要這麼無情嗎？

法律達人教你寫訴狀

■ 聲請裁定認可收養未滿7歲之未成年子女

若收養的對象是未滿7歲之未成年子女，應由其法定代理人
代為意思表示及代受意思表示。

【民法第1076-2條第1項規定 】···························

> 被收養者未滿七歲時，應由其法定代理人代為並代受
> 意思表示。

···

因此，小孩子其實沒有真正的決定權，往往都是父母依據其實際狀況，而為出養及收養的決定。

《 民事聲請狀 》

案號：

承辦股別：

訴訟標的金額或價額：

聲　請　人：○○○　住居所：○○○○○○

為聲請裁定認可收養子女事：

一、聲請事項：

請裁定准許○○○及○○○共同收養○○○為養子（女）。

二、事實及理由：

緣聲請人○○○與○○○願共同收養○○○為養子（女），其係未滿七歲之未成年人，由其法定代理人代為意思表示並代受意思表示，立有收養同意書《1》可稽（如證一），為此依民法第1079條第1項、非訟事件法第133條之規定《2》，請准予裁定認可。

此致　臺灣○○地方法院　公鑒

證物名稱及件數：

證一：收養同意書乙份。

中　華　民　國　　○○○○　年　　○○　月　　○○　日

　　　　　　　　　　　　　具狀人：○○○　印□

　　　　　　　　　　　　　撰狀人：○○○　印□

《1》本聲請狀有提到「收養同意書」，其範本如下：

《 收養同意書 》

收養人○○○茲願共同收養（生父）○○○、（生母）○○○之子（女）○○○（民國　年　月　日出生）為養子（女），已由其法定代理人代為意思表示，恐口無憑，合立收養同意書。

收　養　人：○○○

住　　　址：○○縣○○市○○路○○號○○樓

被收養人：○○○

住　　　址：○○縣○○市○○路○○號○○樓

法定代理人：○○○

住　　　址：○○縣○○市○○路○○號○○樓

中　華　民　國　　○○○○　　年　　○○　　月　　○○　　日

《2》相關條文內容如次：

【民法第1079條第1項】

收養應以書面為之，並向法院聲請認可。

【非訟事件法第133條】

民法第一千零七十九條第四項所定認可收養子女事件，由收養人住所地之法院管轄；收養人在中華民國無住所者，由被收養人住所地或所在地之法院管轄。

前項事件，以收養人及被收養人為聲請人。

非訟事件法第133條引用民法第1079條第4項，但是民法第1079條似乎已經沒有第4項。但實際上只要引用這兩個條文，法院都會瞭解，並不會因此而將收養裁定之聲請加以駁回。

■ 聲請裁定認可收養滿7歲之未成年子女

若收養的對象是滿7歲以上之未成年子女，應得其法定代理人之同意。

【民法第1076-2條第2項規定】……………………………………………

　　　滿七歲以上之未成年人被收養時，應得其法定代理人之同意。

……………………………………………………………………………………

滿7歲以上之未成年子女，已經有一定的自我主張，應予尊重。但因為尚未滿20歲成年，還是必須要取得法定代理人的同意，才可以被收養。

《 民事聲請狀 》

案號：
承辦股別：
訴訟標的金額或價額：
聲　請　人：○○○　　住居所：○○○○○○

為聲請裁定認可收養子女事：

一、聲請事項：

請裁定准許○○○及○○○共同收養○○○爲養子（女）。

二、事實及理由：

緣聲請人○○○與○○○願共同收養○○○爲養子（女），其係滿七歲以上之未成

年人，經其法定代理人之同意，立有收養同意書可稽（如證一），爲此依民法第

1079條第1項、非訟事件法第133條之規定，請准予裁定認可。

．．

此致　　臺灣○○地方法院　公鑒

證物名稱及件數：

證一：收養同意書乙份。

中　華　民　國　　○○○○　年　　○○　月　　○○　日

具狀人：○○○　印 □

撰狀人：○○○　印 □

【 斷絕兄妹關係？ 】

實·案·追·組

■ 拾荒媽逼賣淫？不孝女：我亂編的

　　一名國中少女不滿母親管教過於嚴格，居然異想天開地

向老師反映，指以拾荒維生的母親逼她賣淫，還詳細描述被

逼性交易過程，由母親叫她坐在房間床邊，用毛巾把她的雙

眼蒙住，再拿膠帶貼住她的嘴吧，叫她在房間等待。母親與

一名「阿伯」聯絡後就出去，沒多久「阿伯」就開車過來，對她性侵害。

　　但是，經過調查發現，當時根本沒有人打電話給她的母親，鄰居也沒有人看見有「阿伯」開車過來，經檢方曉以大義，告知誣告罪的嚴重性；少女當場哭出來坦承「我說謊、我錯了」、「全是我亂編的故事」，因為母親管太嚴，希望「母親她消失」，才用這種方式報復。

法·令·分·析

【刑法第169條第1項誣告罪】

　　意圖他人受刑事或懲戒處分，向該管公務員誣告者，處七年以下有期徒刑。

　　這位國中少女意圖使母親受刑事處分，而向警方誣告，可能被判處七年以下有期徒刑。這位媽媽「選擇原諒女兒」，因女兒還小不懂事，希望檢警不要追究女兒刑責。

　　政壇上也發生一起兄妹關係生變的事件，民進黨籍立法委員黃偉哲因為選舉與政治理念，而要與電視名嘴的妹妹黃智賢斷絕兄妹關係。這位媽媽可否向黃偉哲學習，也來斷絕一下母女關係呢？

　　暫且將法律擺一邊，個人的政治利益居然會大於親情，這

種立法委員的價值觀實在很「政治」。雖然此舉可能是作秀一下，讓支持者不至於質疑其綠色血統的純正性，但是卻造成傷害倫理價值的後遺症。

就法論法，黃偉哲可以選擇讓別人收養，這樣在法律上就可以認定是別人的小孩，跟自己的妹妹就沒有法律上的親屬關係。不過，就算是這樣做，只是斷絕法律上的親屬關係，血緣上的親情，豈是這樣就能斷絕的呢？

回到本案，這位拾荒媽媽一氣之下，也可以同意將女兒出養給她人，斷絕母女之間的關係，只是這樣的女兒，恐怕沒人敢要了。不過，或許只是年輕不懂事的女兒，一時的荒唐作為，也希望能改邪歸正，重新孝順辛苦的拾荒老媽。

【 非婚生子女認領 】

實·案·追·緝

■ 未認領，不算遺棄

> 陳姓男子得知張姓女友懷孕後，即落跑不知去向，張女怒告陳男遺棄。檢方調查後，認為兩人尚未有婚姻關係，雙方既不是夫妻，陳在法律上不需對張女負擔扶養義務，並不構成遺棄罪。
>
> 至於所生子女的部份，並不是陳男的婚生子女，還需要經過認領或撫育的程序，才能取得婚生子女身分。

【民法第1061條】 ....

稱婚生子女者，謂由婚姻關係受胎而生之子女。

....

男女二人結婚後，所生的子女，就是婚生子女。但是，目前很多女子未婚生子，所生子女，因為父母並沒有婚姻關係，所以，即所謂的「非婚生子女」。

【民法第1065條】 ....

非婚生子女經生父認領者，視爲婚生子女。其經生父撫育者，視爲認領。

非婚生子女與其生母之關係，視爲婚生子女，無須認領。

....

本案中，陳男若是與張女結婚後，其所生子女，就是為婚生子女，不必經過認領的程序；即使不想跟張女結婚，也可以透過認領的程序，所生子女也會視為婚生子女。

《 認領的種類 》

無婚姻關係 ➡➡ 非婚生子女

【任意認領】
- 認領的意思表示。撫育，視為認領
- 非婚生子女與其生母，無須認領
- 生母及子女，得否認生父之認領
- 認領後，不得撤銷認領，除非有事實足認其非生父者

【強制認領】
- 非婚生子女或其生母或其他法定代理人，提起認領之訴
- 生父死亡後，得向生父之繼承人提起之
- 生父無繼承人者，得向社會福利主管機關為之。

【 強制認領 】

實·案·追·組

■ 小慈認領官司案

　　知名的小慈控告生父案，早在1995年間，小慈還在唸國小五年級的時候，就曾經與父親打認領官司。透過血緣鑑定，確認是其父親。隨後雙方又打扶養費之官司，一直到2007年，高等法院更一審宣判，應每月給付四萬元之生活費。

法·令·分·析

　　小慈的官司，主因是父親不願意認領。從法律的角度觀察，小慈為了讓父親支付生活上的扶養費，必須先確認兩人的血緣關係，才能依據兩人血緣關係確實存在，請求支付生活的扶養費。

相關法律條文：

　　有事實足認其爲非婚生子女之生父者，非婚生子女或其生母或其他法定代理人，得向生父提起認領之訴。

　　前項認領之訴，於生父死亡後，得向生父之繼承人爲之。生父無繼承人者，得向社會福利主管機關爲之。

······························

　　如果生父已經死亡，可能牽涉到遺產的繼承。這時候就得向生父之繼承人為之。如果生父沒有繼承人，這時候有機會成為唯一的繼承人，我國民法第1067條規定，得向社會福利主管機關為之。

【 否認子女之訴 】

實·案·追·緝

■ 父子長相差太多，DNA戳破妻謊言

　　小孩不是你生的，怎麼辦？

　　桃園縣楊姓婦人婚前同時交往2個男友，懷孕時，向張姓男友保證說「絕對是你的種。」張某不疑有他，娶了楊女。

　　小孩六歲時，丈夫發現兒子和他一點都不像，包括臉型、眉毛和眼鼻等，都沒有父子臉，親友也說差太多，他帶著兒子驗DNA，確認父子倆血緣型別不符，兒子不是他的。

　　張姓男子氣得向桃園地院訴請否認子女，在DNA鑑定報告下，法院判他勝訴，他在訴訟中表示打贏官司後要和妻子離婚。

　　當然並不是每個案例都這麼不顧小孩子的權益。高雄一名女子先後和一對堂兄弟上床，之後懷孕生下小孩，經DNA鑑定，這對堂兄弟都有99.9%以上的可能性是孩子的生父，這個結果讓三個大人當場傻眼。

　　經兩位可能的父親協調結果，由其中一位向法院確認親子關係，另一位也得分擔扶養費用。

　　由法院判決確認到底是不是小孩的爸爸，此即確認親子關係存在或不存在之訴訟。

法·令·分·析

　　舊法民法第1063條規定，否認之訴，只有夫妻之一方得提起之。對於子女獲知其血統來源，確定其真實父子身分關係，攸關子女之人格權，應受憲法保障，釋字第587號解釋認為有所違反人格權與訴訟權之保障，而判定違憲。經修正後，相關規定如下：

【民法第1063條】

　　妻之受胎，係在婚姻關係存續中者，推定其所生子女為婚生子女。

　　前項推定，夫妻之一方或子女能證明子女非為婚生子

女者，得提起否認之訴。

前項否認之訴，夫妻之一方自知悉該子女非爲婚生子女，或子女自知悉其非爲婚生子女之時起二年內爲之。但子女於未成年時知悉者，仍得於成年後二年內爲之。

民法第1064條

非婚生子女，其生父與生母結婚者，視爲婚生子女。

因此，新法修正通過後，不只夫妻雙方可以提起，子女也有權利可以提起之。

張男的案例中，其所提的證據是DNA，調查局也有提供驗DNA的服務，若有此種需要，可以打電話洽詢。有此證據後，就可以打否認之訴，否認小孩子是自己所生。由於DNA的誤判機率非常非常的低，所以DNA之鑑定結果早已屬法院所認可的證據。

像是「辜振甫非婚生女疑雲案」，DNA之鑑定也建功。前海基會董事長辜振甫與鄧香妹有一段婚外情，鄧女指稱張怡華為兩人所生子女，要求辜家支付扶養費及分遺產，甚至於還考慮提請確認親子關係之訴。

唯最後經法院調查結果，在驗了DNA之後，發現張怡華根本不是辜老之女，還遭判處恐嚇取財罪。

不過，打此種確認親子關係訴訟，或否認子女之訴，可是有時間的限制，二年。

　　雖然這名小孩子已經六歲了，張男知道非其所生，到提起否認之訴，只要尚未滿二年，仍然可以主張之。

🐸 法律達人的私藏法律

■ 不是我的小孩，終於可以否認了

　　先前所介紹的民法第1063條規定，對於不是自己的小孩，卻因為是在婚姻存在的情況下所生，結果這小孩卻要算在自己頭上，當事人往往有種綠帽戴頂，卻拔不下來的難堪。

　　要提出否認之訴，舊法卻要求在子女出生之日起算1年內主張，期間過短，時常發生來不及提起訴訟，導致不是自己的小孩，卻是自己的「婚生子女」，雖然保護了小孩，卻讓當事人非常痛苦。由於不是自己的小孩，常常發生不會善加照顧小孩的情況，未必能達到保護小孩的目的。

　　新法修正後，放寬為「知悉非為婚生子女之時起2年內為之」，也就是加長一年；並一併新增施行法第8條之1，若依舊的規定而錯失時效，無法對婚生子女提否認之訴者，可在民法親屬編修正施行後2年內提起。

　　所以之前錯失時機者，這次可要把握機會。不過，最可憐的可能還是這些無辜的小孩！

■ 如何提起婚生子女否認之訴

《 民事起訴狀 》

案號：

承辦股別：

訴訟標的金額或價額：

原　　告：○○○　住居所：○○○○○○

法定代理人：○○○　住居所：○○○○○○

代　理　人：○○○　住居所：○○○○○○

被　　告：○○○　住居所：○○○○○○《1》

為請求否認婚生子女事：

訴之聲明

一、確認被告○○○非原告之婚生子女。

二、訴訟費用由被告負擔。

事實及理由

原告與被告○○○於○○年○○月○○日結婚，婚後被告即與男子○○○通姦，有刑事判決為證(如證一)。《2》被告○○○亦為其二人所生子女，有法務部調查局親子血緣關係鑑定報告書(如證二)為證。《3》為此特提起本訴，請求判決如訴之聲明，以維權利。

此致　　臺灣○○地方法院家事法庭　公鑒

證物名稱及件數：

證一：○○地方法院刑事判決書乙份。

證二：調查局親子血緣關係鑑定報告書乙份。

中　華　民　國　　○○○○　　年　　○○　　月　　○○　　日

　　　　　　　　　　具狀人：○○○　印 □

　　　　　　　　　　撰狀人：○○○　印 □

《1》被告的部份，請分別寫上配偶及子女之姓名。

《2》說明為何婚生子女非其所生子女的原因。

《3》提出非其子女的科學證據。

Part V
繼承篇

大陸二奶

實·案·追·組

■ 大陸子女爭遺產

　　這幾年，台商在大陸包二奶的情況已經屢見不鮮。在台灣的元配發現老公在大陸包二奶時，有些忍氣吞聲，勉強維繫一個破碎的家庭；若選擇離婚時，大都會選擇協議離婚，因為要進行法院的裁判離婚，證明對方有通姦的行為，還要飛到大陸去蒐證，難免有力不從心之憾。

　　不過，若息事寧人，可能二奶也生下了老公的種，這時候就有「情敵」的種與你爭奪遺產。假設老公離開人間，該如何計算遺產呢？

法·令·分·析

　　我國為了處理兩岸人民間產生的一些法律關係，特訂定「臺灣地區與大陸地區人民關係條例」。其中第67條，針對遺產之繼承有特別之規定。其規定如下：

【臺灣地區與大陸地區人民關係條例第67條】

被繼承人在臺灣地區之遺產，由大陸地區人民依法繼承者，其所得財產總額，<u>每人不得逾新臺幣二百萬元</u>。超過部分，歸屬臺灣地區同為繼承之人；臺灣地區無同為繼承之人者，歸屬臺灣地區後順序之繼承人；臺灣地區無繼承人者，歸屬國庫。

前項遺產，在本條例施行前已依法歸屬國庫者，不適用本條例之規定。其依法令以保管款專戶暫為存儲者，仍依本條例之規定辦理。

遺囑人以其在臺灣地區之財產<u>遺贈</u>大陸地區人民、法人、團體或其他機構者，<u>其總額不得逾新臺幣二百萬元</u>。

第一項遺產中，有以不動產為標的者，應將大陸地區繼承人之繼承權利折算為價額。但其為<u>臺灣地區繼承人賴</u><u>以居住之不動產者，大陸地區繼承人不得繼承之</u>，於定大陸地區繼承人應得部分時，其價額不計入遺產總額。

■ 200萬的最高上限

如果大陸地區人民有繼承權，最多也只能繼承新台幣200萬元。例如甲男與乙妻結婚，育有二子A、B，又在大陸與丙女生下C，甲男死亡後留下2,000萬元。

其中，乙、A、B、C四人皆有繼承權，應平分遺產。也就是說，若四人都是台灣地區人民，每人可以分到500萬元。但

是，因為C是大陸地區人民，最高只能分得200萬元，所以其餘的1,800萬元，則由乙、A、B三人平均取得，每人600萬元。

如果是以遺贈的方式，對於大陸地區人民、法人、團體或其他機構者，最多也是200萬元。

■ 賴以居住不動產之特別保護

有些居住的不動產，本來是台灣地區繼承人在住，若動輒變成遺產，可能導致無處可住。為了保護本國人民，對於此種賴以居住之不動產，大陸地區繼承人不但不能繼承之，且房子的價格也不計入遺產的總額。

愛情法律麵包　**NO.17**

孝順父母

遺產酌給

實·案·追·緝

　　白髮人送黑髮人，真是讓人傷心，但是媳婦(女婿)竟在屍骨未寒之際，以各種理由趕走年邁的父母，那更是讓人心寒。且讓我們看看這一則實際發生的故事：

> 　　陳老先生過世後，陳老太太與兒子大毛共同繼承多筆土地的遺產。因大毛孝順有加，陳老太太遂放心地將價值3000萬的房產登記在大毛的名下。豈料大毛因病身亡，總計留下6000萬的遺產。陳老太太與媳婦丫花本來關係即不太融洽，在喪子之痛尚未平復之際，丫花與孫子小毛時常無故辱罵陳老太太，「瘋子，出去啦！」等用語，不斷刺傷陳老太太的心，大毛屍骨未寒，丫花與小毛就聯手將陳老太太趕出家門，頓時生活失去依靠……

　　請問如果你是陳老太太的親人，你該怎麼幫她？可不可以請求遺產分配？

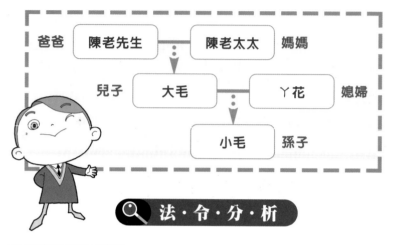

爸爸　陳老先生　⋯　陳老太太　媽媽

兒子　大毛　Ｙ花　媳婦

小毛　孫子

法·令·分·析

■ **婆婆有繼承權嗎？**

　　兒子大毛過世時，陳老太太身兼媽媽及婆婆的角色，有沒有繼承權呢？

　　依據民法的規定，小毛(直系血親卑親屬)的繼承順位優先於陳老太太(父母)之前，除非大毛沒有生下小毛，或發生其他如拋棄繼承的問題，則陳老太太才能以第二順位主張繼承權。

　　本案例中，大毛過世後，配偶Ｙ花及第一順位繼承人兒子小毛各得1/2的遺產，即3000萬元。婆婆因為第二順位，所以無法分配到遺產。

大毛的遺產	
房子	3000萬元
現金	3000萬元
合計	6000萬元

6000萬元 ／ 2（人） ＝ 2000萬元（每人）

　　所以，為了避免這種情況發生，陳老太太就必須謹慎進行財產規劃，當其配偶(陳老先生)過世後，自己還在人世間時，不要亂分財產。

▓ 什麼是「酌給遺產請求權」？

　　本案例中，解決之道是依據民法第1149條規定，召開「親屬會議」請求「酌給遺產」。什麼是「酌給遺產請求權」？讓我們來看一下相關規定：

【民法第1149條】・・・・・・・・・・・・・・・・・・・・・・・・・・・・・・・・・・・・・

　　　被繼承人生前繼續扶養之人，應由親屬會議依其所受扶養之程度及其他關係，酌給遺產。

・・

　　陳老太太因為年紀已大，所以沒有謀生能力，是依靠獨子大毛扶養，當大毛因病過世，取得遺產的媳婦ㄚ花及孫子小毛，又不願意扶養陳老太太，導致一時失其依附，生活無著。

　　所以此一法條的立法目的就在於避免前述情況發生，當被繼承人(大毛)過世時，由親屬會議決議酌給遺產，以保障陳老太太基本生活的條件。

　　「酌給遺產請求權」必須是被繼承人「生前繼續扶養之人」，本例中，陳老太太就是兒子大毛「生前繼續扶養之人」，所以可以主張酌給遺產。

法律達人的建議

■ 立遺囑分財產

每個人總是希望老來能夠頤養天年，除了期盼養兒又能防老外，平時就應該建立正確的財務規劃觀念。

在陳老太太的案例中，因為不瞭解繼承的制度，認為兒子非常孝順，所以把陳老先生過世時所留下來的遺產，全部移轉給兒子。結果媳婦不孝順，兒子因病過世後，陳老太太排在繼承的第二順位，無法分得兒子的遺產，而遭媳婦及孫子掃地出門，實為人間慘劇。

「知人知面不知心」，老年人應該把自己的財產妥善保管，不要因為兒女一時的孝順，就好像發贈品一樣，把自己的老本通通給了兒女。哪一天自己生了重病，「久病無孝子」，有多少人還會在床邊幫你把屎把尿呢？

所以，為了自己的後半輩子，不要單靠「養兒防老」，實在太沒有保障了，好好管理自己應有的財產才是最佳的策略，還沒離開人世間前千萬別分財產，即使子女覬覦遺產很久，沒分遺產前，一定是孝子。

安享晚年的絕招

實·案·追·緝

■ 如果我離開人間了，父母該怎麼辦？

一位女姓友人Vicky得了紅斑性狼瘡，這是一種很特殊的疾病，看得到今天的月亮，不代表能看到明天的太陽。

Vicky結婚多年，育有一子，與丈夫感情普通。最大的問題在於與夫家的關係，因為個性上的差異，總是無法融入其中，甚至於懷疑男方家屬只是覬覦自己的財產。再加上現在住的房子，是父母給的嫁妝，疼惜女兒的父母自己並沒有留下什麼財產，或許是看到女兒幸福比什麼都重要。

貼心的Vicky，很擔心自己突然離開人間，沒辦法留下任何遺產給父母，因為第一順位繼承人是兒子，父母是第二順位，將無法分到遺產。

這位朋友該如何規劃，以保障父母後半輩子的生活呢？

法·令·分·析

實際上，法律還是提供許多方式，可以在不影響夫妻情份的前提下，保障父母的生活。

■ 立遺囑

既然繼承有繼承順位的問題，這時候就必須以立遺囑的方式，由個人的意願調配遺產的歸屬。

是否可以將遺產全部分給父母？

基本上，人們有決定遺產分配的自由，我國民法繼承篇制定之初，還是考慮到繼承人的基本生活保障，因此，遺囑訂定的內容，不能侵害「特留分」。

所謂「特留分」，簡單的說法，就是保障給繼承人的最小部份，遺囑的內容不得侵害到「特留分」。讓我們來看一下相關條文：

【民法第1187條】 ·····································

　　遺囑人於不違反關於特留分規定之範圍內，得以遺囑自由處分遺產。

···

　　由本條文可知，遺囑人當然得以遺囑自由處分遺產，但不能違反特留分之規定。特留分的規定如下：

【民法第1123條】 ·····································

　　繼承人之特留分，依左列各款之規定：
一、直系血親卑親屬之特留分，為其應繼分二分之一。
二、父母之特留分，為其應繼分二分之一。
三、配偶之特留分，為其應繼分二分之一。
四、兄弟姊妹之特留分，為其應繼分三分之一。
五、祖父母之特留分，為其應繼分三分之一。

···

　　由上述條文，可知是依據各個繼承順位的繼承人，其應繼分中的一定比例為特留分。例如某甲過世後，應繼財產為100萬元，其子女A、B二人，應繼分為各1/2，也就是50萬元。

　　子女屬於「直系血親卑親屬」，依據民法第1123條規定，特留分為應繼分的1/2。因此，子女A、B二人，即是1/2*1/2=1/4，也就是100*1/4=25萬元。

　　因此，若某甲以遺囑送給小老婆30萬元，剩下的70萬元分給子女A、B二人，每人還有35萬元(35>25)，因此沒有侵害特留分。

　　但是，如果某甲以遺囑送給小老婆70萬元，剩下的30萬元分給子女A、B二人，每人只有15萬元(15<35)，其二人之特留分即被侵害了。

　　既然子女A、B二人的特留分已經被侵害了，那該怎麼樣分配遺產呢？

【民法第1125條】

　　應得特留分之人，如因被繼承人所爲之遺贈，致其應得之數不足者，得按其不足之數由遺贈財產扣減之。受遺贈人有數人時，應按其所得遺贈債額比例扣減。

　　故子女A、B二人還是可以得到25萬元，剩餘的50萬元才給小老婆。

	應繼分	特留分
第一順位	配偶與其他繼承人平均繼承 例如：2名子女及配偶，共3人繼承。每人之應繼分為1/3。	應繼分之1/2 配偶：應繼分之1/2 同左例： 3人之應繼分為1/3*1/2=1/6

	應　繼　分	特　留　分
第二順位	若有配偶：配偶應繼分為1/2 其他繼承人：扣除配偶之部分，按人數平均繼承	應繼分之1/2 配偶：應繼分之1/2
	例如： 父母2人及配偶，共3人繼承。 配偶1/2，父母平均分配另外的1/2，即各得1/4。	同左例： 配偶1/2*1/2=1/4 父母2人，每人1/4*1/2=1/8
第三順位	若有配偶：配偶應繼分為1/2 其他繼承人：扣除配偶之部分，按人數平均繼承	應繼分之1/3 配偶：應繼分之1/2
	例如： 兄弟姐妹3人及配偶，共4人繼承。 配偶1/2，兄弟姐妹3人平均分配另外的1/2，即各得1/6。	同左例： 配偶1/2*1/2=1/4 兄弟姐妹3人，每人1/6*1/3=1/18
第四順位	若有配偶：配偶應繼分為2/3 其他繼承人：扣除配偶之部分，按人數平均繼承	應繼分之1/3 配偶：應繼分之1/2
	例如祖父母、外祖父母均在世，共4人繼承 配偶2/3，祖父母、外祖父母4人平均分配另外的1/3，即各得1/12	同左例： 配偶2/3*1/2=1/3 祖父母、外祖父母4人，每人1/12*1/3=1/36

■ 應繼分之相關條文：

【民法第1138條】...

　　遺產繼承人，除配偶外，依左列順序定之：

一.直系血親卑親屬。

二.父母。

三.兄弟姊妹。

四.祖父母。

【民法第1144條】··

　　配偶有相互繼承遺產之權，其應繼分，依左列各款定之：

一.與第一千一百三十八條所定第一順序之繼承人同為繼承時，其應繼分與他繼承人平均。

二.與第一千一百三十八條所定第二順序或第三順序之繼承人同為繼承時，其應繼分為遺產二分之一。

三.與第一千一百三十八條所定第四順序之繼承人同為繼承時，其應繼分為遺產三分之二。

四.無第一千一百三十八條所定第一順序至第四順序之繼承人時，其應繼分為遺產全部。

··

■ 保險受益人

　　保險除了可以提供保障、節稅外，還可以作為照顧父母的一種工具。一般而言，投保者都不會特別的填寫受益人，因此如果被保險人死亡時，因沒有受益人，就列為「遺產」，由前面文章中所介紹的各個順序的繼承人，決定看由誰來繼承。

　　如果有填寫受益人時，保險法之規定如下：

【保險法第112條】··

　　保險金額約定於被保險人死亡時給付於其所指定之受益人者，其金額不得作為被保險人之遺產。

··

在法律上稱之為「指定受益人」,這時候就不是遺產,而是歸屬於指定受益人所有。換言之,若買個壽險,指定受益人給父母,對於父母的晚年照顧,可以提供一定的保障。

■ 信託

當一個人把資產暫時交託另一個人管理(託管人),而資產所賺取的收益則歸另一個人(受益人)所有。

因此,以本案Vicky為例,可以透過信託的方式,慢慢地將所得收益轉給父母,也可以確保父母安養晚年。

父債，子要還嗎？

實·案·追·緝

　　有一名女學生小莉，21歲因為父親過世後，接下其父親生前兩千多萬元的債務，為了避免拖累相交多年的男友而自殺身亡…

　　想一想，如果你是小莉，你該怎麼辦？

法·令·分·析

■ 父債子還？

　　「父債子還」，這句話耳熟能詳。

　　如同本案中小莉的遭遇，這種悲劇在台灣時常上演，但是法律並不認為父債必須子還。從法律上的觀點來看，每個人都是獨立的個體，所以即使你最親近的父母親或兄弟姐妹欠錢未還，你並沒有法律上的義務替他償還。

　　但是為什麼小莉必須背負其父親高額的債務呢？

　　這是因為發生了「繼承」的特殊的狀況。如下規定，繼承不是只有繼承「權利」，「義務」也包含在內。

如果被繼承人死亡，這時候不僅是繼承權利，連債務也要繼承，例如帳戶內有存款2,000要不要繼承？有些人當然毫不考慮的說要。

可是，若是欠債3,000萬，還會要嗎？恐怕是不會要的。但是許多欠債，繼承人卻不知道，但是即使繼承人不知道，這些債務還是要由繼承人負擔。

無行為能力人及限制行為能力人採限定繼承

為了避免許多未成年人或受禁治產宣告者，因為繼承而背債，而終身難以翻身的現象。民法繼承篇修改相關規定，修訂「繼承人為無行為能力人或限制行為能力人對於被繼承人之債務，以所得遺產為限負清償責任」。

換言之，未成年或受禁治產宣告之繼承人，只須以因繼承所得之遺產來償還被繼承人之債務，如不足清償時，不用再以自己的財產償還繼承債務。而且，即使是在此次修正前，並未主張限定繼承或拋棄繼承，只要在繼承開始時是未成年人或禁治產人，一樣採取限定繼承。

以下為民法所規定的無行為能力人及限制行為能力人：

無行為能力人	未滿七歲之未成年人
	禁治產人
限制行為能力人	滿七歲以上，未滿二十歲
特殊情況	未成年人已結婚者，有行為能力

■ 如何防止「債務繼承」

民法繼承篇中有一些機制可以防止這些情形發生，分別是拋棄繼承及限定繼承，可以防止因為繼承的關係而導致負債累累。

1.拋棄繼承

所謂拋棄繼承，是指繼承人表示拋棄被繼承人財產上一切權利義務關係。若繼承人拋棄繼承，當然所有的權利、義務都不必負擔了，當然債務也不用繼承了。

要如何拋棄繼承呢？完成拋棄繼承的程序必須在知悉其得繼承之時起3個月內以書面向法院為之。

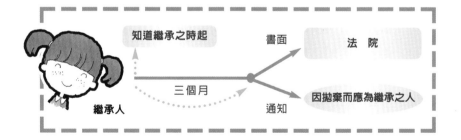

■ 拋棄繼承之六大文件

備齊六大文件，向法院聲請辦理拋棄繼承：

⊙撰寫拋棄繼承的民事書狀。

⊙被繼承人除戶戶籍謄本。

⊙辦理拋棄繼承之人的印鑑證明、印鑑章、戶籍謄本。

⊙繼承系統表。

⊙拋棄繼承之書面。

⊙拋棄通知書收據。

■ 向法院聲請拋棄繼承

········· 《 民事暫時保護令聲請狀 》 ·········

案號：

承辦股別：

訴訟標的金額或價額：

聲　請　人：○○○　住居所：○○○○○○

為聲請拋棄繼承權，請准予備查事：

聲請人為被繼承人○○○之合法繼承人，被繼承人於民國○○年○○月○○日死亡。因被繼承人生前曾積欠大筆債務，時有債權人上門要求償還借款，故聲請人自願拋棄繼承權，爰依法檢陳聲明人等之戶籍謄本及被繼承人除戶謄本（證一），並檢具拋棄繼承聲明書（證二）、繼承系統表（證三）及已向因拋棄繼承而為應繼承之人通知之存證信函乙份（證四）等具狀聲明拋棄繼承權，請准予備查。

此致　　臺灣○○地方法院家事法庭　公鑒

證物名稱及件數：

證一：戶籍謄本及除戶謄本正本三份。

證二：拋棄繼承聲明書乙份。

證三：繼承系統表乙份。

證四：存證信函乙份。

中 華 民 國 ○○○○ 年 ○○ 月 ○○ 日

　　　　　　　　　　　具狀人：○○○　印□

　　　　　　　　　　　撰狀人：○○○　印□

■ 拋棄繼承聲請書

《 聲明書 》

緣被繼承人○○○於民國○○年○○月○○日去世，聲明人等為其直系血親卑親屬及配偶而依法為第○順位之繼承人，惟因聲明人等無意繼承被繼承人之一切權利及義務，是特此聲明拋棄繼承權。

　　　　　　　　立聲明書人：○○○　印□

　　　　　　　　　　　　　　○○○　印□

　　　　　　　　　　　　　　○○○　印□

■ 拋棄通知書收據

　　假設父親過世，子女拋棄繼承，卻沒有通知下一順位的祖父母，祖父母可能在不知情的情況下繼承債務。為了避免此種情況發生，目前向法院辦理拋棄繼承時，法院都會要求聲請人證明已經通知下一順位的繼承人。

　　通知的方式最好是以郵局的存證信函作為證明，提供存證信函的範例如下：

被繼承人：○○○　　　　死亡時住所：○○○○○○○○○

繼承權拋棄人○○○係被繼承人合法繼承人，被繼承人於民國（下同）○○年○○月○○日辭世，繼承權拋棄人於○○年○○月○○日知悉被繼承人死亡之事實。因被繼承人生前積欠龐大之債務，所留之遺產不足以清償債務，繼承權拋棄人決議辦理拋棄繼承。因繼承權拋棄人拋棄繼承之後，台端等即依順位成為應繼承之人，爰依民法第1174條為拋棄繼承之通知，並請　台端等依法行使權利，以免繼承債務，順頌時祺。

2. 限定繼承

除了拋棄繼承外，限定繼承也可以避免繼承債務。所謂「限定繼承」，就是在繼承遺產的範圍內，償還被繼承人之債務。例如：

⊙遺產500萬－債務300萬元＝剩餘200萬元

→歸繼承人所有

⊙遺產500萬－債務800萬元＝尚欠300萬元

→繼承人不需要負擔

如果是拋棄繼承的情形，已經拋棄繼承權的人，就不能取得前面的200萬元，當然也不用負擔後面的欠款300萬元。

民法在96年底，為了強化繼承人之保護，將主張限定繼承之期間改成與拋棄繼承一樣，在知悉其得繼承之時起三個月內以書面向法院為之。

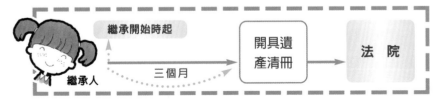

■ 向法院聲請拋棄繼承

《 民事聲請狀 》

案號：

承辦股別：

訴訟標的金額或價額：

聲　請　人：○○○　住居所：○○○○○○

為聲請限定繼承，依法呈報事：

一.繼承人之○○，即被繼承人○○○，於民國○○年○○月○○日去世，其遺
有土地及建物（詳遺產清冊）。<u>惟其生前有無負債、負債若干、債權人為何，
均不得而知。《1》</u>

二.爰依法檢同死亡證明書、遺產清冊、戶籍謄本、印鑑證明、繼承系統表、<u>土
地登記簿、建物登記簿謄本等《2》</u>，狀請　鈞院鑒核，准予限定繼承並為公
示催告，以保權益。

此致　　臺灣○○地方法院家事法庭　公鑒

證物名稱及件數：

證一：死亡證明書乙份。

證二：遺產清冊乙份。

證三：戶籍謄本及印鑑證明各乙份。

證四：繼承系統表乙份。

證五：土地登記簿、建物登記簿謄本各乙份。

中　華　民　國　　○　○　○　○　　年　　○　○　　月　　○　○　　日

　　　　　　　　具狀人：○○○　印 □

　　　　　　　　撰狀人：○○○　印 □

《1》寫下聲請限定繼承的原因，通常都是不清楚被繼承人生前欠債之狀況。

《2》如果遺產有土地或建物，除載明於遺產清冊中，還要提出證明文件。

繼承人依前條規定呈報法院時，法院應依公示催告程序公告，命被繼承人之債權人於一定期限內報明其債權。（民§1157）

法律達人的建議

如果時效允許，到底該選擇限定繼承還是拋棄繼承呢？

限定繼承是比較好的。

首先，因為「拋棄」兩字，有些人會與斷絕親子關係加以連結。

其次，有時候會突然發現很多死亡之初沒有發現的遺產，例如古董、名畫、鑽石，若拋棄完之後才發現，那這些遺產也不能繼承了。

最後，有些債權人也許會因為債務人死亡，因人情或其他關係而放棄追償。這時候，即便表面上債務大於遺產，但實際上因求償數額較少，遺產有機會仍有剩餘。

Part VI
離婚篇

假離婚

實·案·追·緝

■ 離婚，弄假成真

　　爲了能申請較低利率的房屋貸款，阿咪在友人建議下，與老公查理辦理離婚，待貸款成功後，再由查理將阿咪迎娶回來。

　　但是，忙碌的工商社會，卻一再地拖延雙方辦理結婚的時間。剛開始，雙方都想說應該不會因爲一張紙（結婚證書），而影響雙方感情的發展。

　　慢慢地，雙方爭吵時，常會聽到這樣子的氣話「反正都已經離婚了，乾脆眞的分開算了。」最後，阿咪果眞與公司主管有了「婚外情」。查理得知戴了綠帽，氣沖沖地前去質問，只見主管無辜地說：「我以爲你們早就離婚了。」

　　連阿咪都說：「我們早就離婚了，你管那麼多幹什麼。」留下無助的查理無語問蒼天。

法·令·分·析

■ 假離婚久了，總是會真離婚。

【民法第1049條 】..

　　夫妻兩願離婚者，得自行離婚。但未成年人，應得法定代理人之同意。

....

　　所謂好聚好散，若能透過協議離婚的方式，讓雙方心平氣和各奔前程，這樣是最好的結果。協議離婚，最難的一個過程是洽談離婚內容。因為，會涉及到財產及子女兩大問題；若洽談完成，則還需要辦理離婚登記，尤其是現在結婚也已改採登記婚主義，離婚也是登記離婚制度，千萬不要以為簽下離婚協議書後即已離婚。

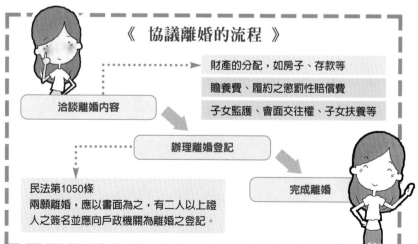

《 協議離婚的流程 》

洽談離婚內容 → 財產的分配，如房子、存款等
瞻養費、履約之懲罰性賠償費
子女監護、會面交往權、子女扶養等

→ 辦理離婚登記 → 完成離婚

民法第1050條
兩願離婚，應以書面為之，有二人以上證人之簽名並應向戶政機關為離婚之登記。

高離婚率的時代

實・案・追・緝

■ 離婚率大幅度提高

依據95年5月25日內政部的統計資料顯示，94年實際結婚數為14.2萬對，但是離婚數就有6.2萬對。平均每天高達177對離婚，累計離婚人數已經高達115萬對。

其餘81~82年，分別列表如下如下（因為93年可能是民間所稱的孤鸞年，所以人數特別多）：

81	82	83	84	85	86	87	88
29,277	30,263 破3萬	31,889	33,260	35,937	38,899	43,729 破4萬	49,157

89	90	91	92	93	94	95	
52,755 破3萬	56,628	61,396 破6萬	64.995	62.635	62,650	64,476	單位(人)

離婚數，從81年的2.9萬對到95年的6.4萬對，離婚成長率超過一倍以上，實在讓人訝異。

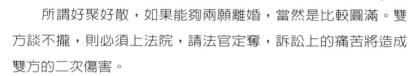

法·令·分·析

　　離婚會產生什麼法律問題呢？簡單介紹如下：

1.離婚方式

　　兩願離婚，還是判決離婚？

　　所謂好聚好散，如果能夠兩願離婚，當然是比較圓滿。雙方談不攏，則必須上法院，請法官定奪，訴訟上的痛苦將造成雙方的二次傷害。

　　無論是兩願離婚、判決離婚，「錢」及「人」都是必須解決的兩大議題。「錢」的部份，如贍養費、損害賠償、財產分配等；「人」的部份，則像是子女監護權、會面交往權等。

2.離婚協議書

　　兩願離婚，該如何簽訂完善的離婚協議書？

　　有許多離婚當事人簽訂的離婚協議書「慘不忍賭」，雙方的權利義務很容易發生問題，例如小孩子的探視權，寫成「女方得隨時探視子女，但需在不影響小孩子之正常作息前提下，經由男方同意後，始得為之」，結果男方以影響小孩正常作息為由多所刁難，還必須另外打一個官司，花了半年左右，請求法院裁定會面交往權的行使方式，才解決爭議。

3.向法院聲請判決離婚，是否符合民法第1052條判決離婚的要件？

　　判決離婚不是說想離就能離，一定要符合法律上的特定情

況，才能聲請法院離婚。近來實務判決中，發現法官比較能夠接受離婚的結果，不再一直勸和不勸離，這應該是正確的方向。

不過到底是否正確，也沒有個準，只能說現在判決離婚的機會增加許多。

4.子女監護權歸屬

子女監護權歸誰呢？

除了雙方的財力、學經歷、家庭背景、子女意願等因素外，還要考量到自己到底有沒有時間、能力照顧子女，常有失婚婦女不顧一切地爭取子女監護權，可是最後才發現每個月收入不到二萬五，褓母、安親班等各式開銷，幾乎讓生活毫無基本尊嚴可言，就算爭取到了監護權，也不代表對小孩子就是好事。

這種情況，若另外一方比較有財力，足以讓子女在較優良的環境下成長，倒是可以讓對方取得監護權，自己則保有探視子女的權利。

5.子女探視權的行使

常見女方(也可能是男方)因未取得子女監護權，只能在特定時間行使探視權，卻遭到對方百般阻撓。

所謂「一日夫妻百世恩」，恐怕是不太可能的事情，一離婚翻臉成仇的比比皆是。如何順利地行使子女探視權，成為重要的課題。

6.扶養費

爭取到監護權的一方，可否向對方主張扶養費？

如果在離婚協議書中載明，「取得監護權的一方不得向他方主張扶養費用」，是不是就不能向對方主張了呢？

扶養費用是小孩子的權利，離婚的夫妻可否簽訂這樣子的條款？是否就不能再向對方請求了？當然是錯誤的觀念，文後將有專章介紹。

7.如何聲請改定監護權？

常聽到許多婦女抱怨，當初放棄監護權是一個錯誤，前夫都沒有好好照顧小孩、前夫的父母太寵愛小孩、一直說媽媽的壞話。

這時候就希望能贏回監護權，但說起來容易，做起來不容易，除非有一些特定且嚴重的事項，實務上法院才會改判給對方。

如何贏回監護權呢？

緣份已盡—離婚

【 離婚的種類：協議離婚與判決離婚 】

離婚是一門大學問，該如何離婚呢？

離婚有兩種，協議離婚及判決離婚。

《協議離婚》

只要有兩個證人簽字蓋章，接著到戶政事務所登記即可，所有的權利義務都是雙方協議決定，包括孩子歸誰、扶養費、贍養費等，統統都可以互相討論。

但在還未為離婚登記之前，一切都不算數，千萬不要以為簽了離婚協議書，就算離婚了。

【 民法第1049條 】...

夫妻兩願離婚者，得自行離婚。但未成年人，應得法定代理人之同意。

【 民法第1050條 】...

兩願離婚，應以書面為之，有二人以上證人之簽名並應向戶政機關為離婚之登記。

....

174

《判決離婚》

　　若夫妻無法好聚好散而協議離婚，則必須要透過法院判決離婚之機制。不過，法院在審理離婚案件之前，則會強制調解，希望透過法院調解的程序，平和地離婚。

　　若調解不成立，則必須要有民法第1052條規定的情況，才可以訴請法院判決離婚。若法院認定不成立該條各款的規定，則原婚姻仍持續存在。

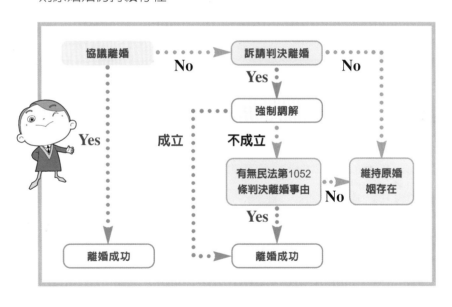

【 離婚後面臨的經濟問題 】

結婚，兩人共創家庭，經濟共同分攤。

離婚，兩人回歸獨立，必須自給自足。

很多婦女結了婚，為了婚姻犧牲奉獻，放棄極佳的工作機會，在家相夫教子。離婚時，早已脫離職場多年，要再找一份足以糊口的工作，實在難上加難。

因此，離婚前一定要想好婚後的經濟來源為何？並且在離婚協議或判決離婚的過程中，爭取最大的權益。尤其是有子女的時候，無論是否擁有小孩子的監護權，都必須負擔扶養的責任，更需要有穩定的經濟來源。

基本上，離婚涉及經濟上的問題，主要包括夫妻財產的分配、贍養費、損害賠償（財產及非財產）、子女扶養費等項目。

	協 議 離 婚	判 決 離 婚
夫妻財產分配	雙方約定。	分別財產制：夫妻各自保有其財產權。各自取回其結婚或變更夫妻財產制時之財產。各自取回後，如有剩餘，各依其夫妻財產制之規定分配之。若沒有約定財產制，則適用法定財產制。（參照1016 1030-4）
贍養費	雙方約定。為了確保能持續履行，可規定懲罰性違約賠償金。	自己屬於無過失之一方，卻因為判決離婚而陷於生活困難者，另外一方無論有沒有過失，也應該給與相當的贍養費。（參照1057）
財產上損害賠償	通常會整合在贍養費，或者是主張多分配一些財產。	夫妻之一方，因判決離婚而受有損害者，得向有過失之他方請求賠償。（參照1056 I）
非財產上損害賠償（慰撫金）	通常會整合在贍養費，或者是主張多分配一些財產。	夫妻之一方，因判決離婚而受有損害者，雖非財產上之損害，受害人亦得請求賠償相當之金額。但以受害人無過失者為限。（參照1056 II）
子女扶養費	原則上也應該雙方共同負擔。但是，常見由取得子女監護權者一方負擔，甚至於據此作為要求不必負擔之一方，不得再來看小孩的談判籌碼。	雙方共同負擔。

■ 哪些情況可以主張慰撫金？

　　慰撫金，又名非財產上損害賠償或精神上之損害賠償。不論是協議離婚或判決離婚，都可以主張慰撫金。只是在協議離婚的情況下，慰撫金通常都隱藏在贍養費或其他費用之中。在判決離婚中，可以主張慰撫金，包括下列情況：（○屬於可以主張）

民法第1052條第1項			
《1》重婚	○	《6》意圖殺害他方	○
《2》與配偶以外之人合意性交	○	《7》不治惡疾	×
《3》不堪同居虐待	○	《8》重大不治精神病	×
《4》虐待他方直系血親尊親屬，或被虐待	○	《9》生死不明已逾三年	×
《5》惡意遺棄	○	《10》因故意犯罪，經判處有期徒刑逾六個月確定	○
民法第1052條第2項 其他重大事由，難以維持婚姻			○

■ 慰撫金數額的參考標準？

　　慰撫金可以主張的數額是多少呢？有沒有一定的標準？

　　5萬？10萬？100萬？

　　怎麼樣的數字才合理呢？

　　過去實務上的判決，對於慰撫金請求金額的判決，通常並不會太高，不過偶爾也有幾位法官認定較高的金額，但是慰撫金的金額已有逐漸升高的趨勢。

《 慰撫金數額的參考標準 》

● 離婚的原因

離婚原因的違法性程度	有過失的一方，過失的程度

● 社經地位

請求者的社會地位、離婚後之經濟自主性	雙方的財務狀況

● 痛苦指數

請求者精神痛苦的狀況、可能回復的期間

有無透過醫療方式治癒的可能性及醫療費用

法律達人的建議

婚姻既然是契約的一種型態，離婚，就如同解除契約、中止契約，也涉及到談判策略的運用，以及個人最大利益之選擇。

如何確保離婚後的生活，是一項重大的思考議題。尤其在一個男主外、女主內的家庭，婦女通常比較欠缺謀生能力，至少應在法律的架構下，尋求最大利益。

若另外一方急於再婚，更是談判的最佳時機。因為，急迫的一方往往會做出最大的讓步，這時候更不要草率地同意離婚的條件。

協議離婚

【 怎麼寫離婚協議書 】

實・案・追・緝

　　這是一位單親媽媽的泣訴：

　　離婚後對方不付小孩的扶養費就算了！還要求隨時要看孩子我就得帶去給他看！每天孩子下課就得帶去跟他吃飯，一直到晚上十點才能讓我帶回家。

　　這樣的要求很過份，我跟對方說希望不要這麼常看，否則我跟孩子每天要跑東跑西很累！對方說可以！結果我一星期沒帶小孩給他看，之後我就收到法院的傳票了！他告我刻意阻擾他探視權的權利！

　　由這一位媽媽的泣訴，可以發現如果離婚協議書沒有寫好，日後的困擾將層出不窮。本文將教你如何寫一份完整的離婚協議書。

法律達人教你如何簽離婚協議書

《 離婚協議書 》(範本)

立書人○○○(以下簡稱甲方)、　○○○(以下簡稱乙方),雙方本為夫妻,因為個性不合,無法繼續維持婚姻關係,雙方同意協議離婚,簽訂協議內容如下:《1》

一.雙方同意簽訂本協議書後,共同到戶政機關辦理離婚登記。《2》

二.雙方所生之子○○○(民國○年○月○日生,身分證統號○○)歸○方監護扶養,○方有會面交往(探視)權,在不影響子女正常作息之情況下,協議探視的方式為:《3》

(1)時間、地點

(2)可否帶小孩回家過夜

(3)寒暑假、農曆年節、特殊節日分配探視的日數

三.甲方同意支付乙方新台幣(下同)　○○萬元整,分兩種方式給付:現金__萬元,以及本(支)票○○張共計○○元整。《4》

四.甲方同意支付子女生活扶養費用,至子女年滿20歲止(或大學教育學程為止)。子女生活費用每個月支付新台幣(下同)　○○萬元整。前述款項甲方應於每月5日前直接匯入乙方帳戶(○○銀行○○分行帳號:○○)。一期遲延或未給付,經乙方催告後3日內仍未給付,視為全部到期,甲方應一次付清所有贍養費,並給付懲罰性損害賠償○○萬元。《5》

五.位於○○之房屋歸甲方所有,貸款由甲方負擔,甲方同意至銀行辦理債務人名義變更手續。甲方應將名下○○公司之股權○○股移轉給乙方。雙方同意在上述所協議內容之外的財產及債務,各自名下之財產歸各自所有,各自名下之債務各自負擔,雙方同意拋棄對方剩餘財產分配請求權。《6》

六.違反前述規定之一方,經催告3日內仍不履行者,應給付對方懲罰性違約金新台幣○○萬元。《7》

七.本協議書一式○○份,由甲乙雙方各持一份,交由戶政機關保存一份。

中　華　民　國　　　○○○○　　　年　　○○　　月　　○○　　日

立書人 ○○○　(簽章) □

立書人 ○○○　(簽章) □

見證人簽章《8》

《1》起頭 《2》要求共赴戶政機關登記 《3》子女監護權 《4》贍養費給付
《5》子女扶養費用 《6》剩餘財產分配 《7》懲罰性損害賠償金 《8》結尾

▓ 離婚協議書範例說明：

1.起頭：

　　本範例之離婚原因，是寫因個性不合，無法繼續維持婚姻關係，雙方同意協議離婚。惟實際原因恐怕並非如此，曾有當事人因為配偶外遇而離婚，即堅持要將外遇寫入離婚協議書中，導致離婚一直無法順利完成。

2.要求共同赴戶政機關登記：

　　赴戶政機關辦理離婚登記前，離婚尚未有效成立。曾有當事人一簽離婚協議書後，就立即與外遇對象雙宿雙飛，結果遭元配控告通姦罪。所以，若真有此需求，尚請忍耐到手續完成再說。

3.子女監護權：

　　子女監護權，是指應由何人擔任子女之監護人。較為複雜者是會面交往（探視）權，訂定之內容必須可行性，且須非常詳細，以免徒生爭議。否則，離婚後通常不會好聚好散，有些取得監護人會刻意刁難原配偶，導致雙方還必須上法院請求為會面交往內容之裁定。

　　由於會面交往（探視）權必須詳細規定，建議可以附件的方式，附在離婚協議書中，參考格式如下：

　　雙方所生之子○○○（民國○○年○○月○○日生，身分證統號○○）歸○方監護扶養，○方有會面交往（探視）權，在不影響子女正常作息之情況下，協議探視的方式如附件○。

比較詳細的規定，可參酌本書有關「會面交往權」之部分。（P189參照）

4.贍養費給付：

可依據實際給付方式，決定離婚協議書之內容。

5.子女生活扶養費用：

通常是支付到子女成年，也就是滿二十歲為止。實際金額，應依照雙方財力來做決定。為避免有事後拒絕給付的情況，可約定懲罰性損害賠償。

6.剩餘財產分配：

剩餘財產如何分配，也應該要理性地談妥，切莫離婚後還要再為財產事項爭吵，也可用附件方式，附在離婚協議書中。

7.懲罰性損害賠償：

懲罰性違約金可以促使雙方當事人履行本離婚協議書，例如本書有關「會面交往權」之案例，正是懲罰性損害賠償之實際應用案例。

8.結尾：

雙方各執一份，千萬不能只有單方持有，以免影響日後有爭議時之舉證。

【 協議離婚的證人 】

實·案·追·緝

　　王姓婦人與先生結婚後，育有兩個兒子。婚後感情逐漸不睦，時常冷戰，她因此曾經長期睡沙發，兩人形同分房，沒有夫婦之實。之後兩人協議離婚，次日即到戶政事務所辦理離婚登記。

　　離婚協議書約定前夫每月至少給她2萬元贍養費，離婚滿6年若她未婚，前夫必須將位於台北市士林區一間公寓過戶給她。後來前夫賴帳，贍養費愈給愈少，離婚滿6年後還不過戶房屋，因此去年向法院提起履行協議之訴。

　　沒想到，前夫寧願維持兩人婚姻，也不願給贍養費及將房子過戶給前妻。

　　前夫居然主張離婚無效，理由是林姓、王姓離婚證人根本就沒在場，只是把身分證和印章交給他，由他代簽和蓋章，不符民法規定「要有二人以上證人親見、親聞」的離婚要件。法官傳訊證人時，兩位證人也證實這位前夫的說法。法院認為離婚要件不備，雙方婚姻依舊存在，也自然不必履行離婚協議書的內容。

🔍 法・令・分・析

有人戲稱婚姻就像是懸崖一樣，跳下去就很難爬上來。

所以，大多數的案件，通常都是主張婚姻無效。現在居然有人願意回到懸崖底下，主張離婚無效，真是奇聞軼事。

【 民法第1050條 】

> 兩願離婚，應以書面為之，有二人以上證人之簽名並應向戶政機關為離婚之登記。

主張因為沒有公開儀式，或證人沒有親見親聞者倒是很多，引用一段法院的判決：

「結婚證書所載之證婚人○○○、介紹人○○○均未參加兩造兩造結婚典禮，僅於不同時間、地點在結婚證書上蓋章、簽名，無法證明兩造婚姻有二人以上證人親見兩造結婚之公開儀式」

為什麼一定要親自見聞？親自在場？

畢竟婚姻不是兒戲，離婚更是大事一件，證人當然要在場，確認雙方當事人真的想要離婚，然後才簽名蓋章，這樣才可以有證明的效力。

實務上認為證人雖不限於作成離婚證書時或協議離婚時在場，惟必須親見或親聞雙方當事人確有離婚真意之人，始足當之（最高法院68年台上字第3792號判例）。

衍生出一個問題，蓋章可不可以代替簽名？

先看下列條文規定：

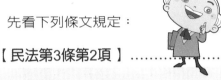

【民法第3條第2項】

如有用印章代簽名者，其蓋章與簽名生同等之效力。

所以，答案是可以的。

結婚的證人須親見親聞，離婚的證人當然也要親見親聞。

二人以上證人之蓋章，也不能只是將印章交給離婚當事人，否則可能發生多年以後又變成離婚不生效的結果。

法律達人的建議

現行社會上有離婚證人的新興行業，這些離婚證人通常都會隨傳隨到，價格也還算合理，幾千元就可以服務到家。

另外，法律要求離婚證人要有完全的行為能力，可不要隨便找些未滿二十歲的年輕小夥子當證人，或找禁治產人當證人，恐怕都無法當一位稱職與適格的證人。

不過本案中，山不轉路轉，王姓婦人與前夫雖然協議離婚無效，還是可以依據民法第1052條第2項，向法院訴請離婚。

【民法第1052條第2項】

有前項以外之重大事由，難以維持婚姻者，夫妻一方得請求離婚。但其事由應由夫妻一方負責者，僅他方得請求離婚。

然後王姓婦人再主張因判決離婚而受有損害，向前夫主張損害賠償。如果王姓婦人沒有過失，還可以主張非財產上的損害賠償。此外，這一段期間前夫的財產，也算入夫妻財產的分配，還有贍養費的主張。

塞翁失馬，焉知非福！

【 探視權（會面交往權）】

實・案・追・緝

夫妻因故離婚，離婚協議書上載明暑假前半段期間，小孩子由前妻照顧，後半段(8月1日起)由前夫照顧。若違反規定，催告3天後，即應賠償違約金新台幣100萬元。

前妻帶小孩子赴美遊玩，玩過了頭，8月中才回台，結果前夫催告期間屆滿，小孩子仍未帶回其身邊，遂起訴請求賠償違約金100萬元，法院也判准賠償。

■ 先小人，後君子

本案中，前夫請求100萬元的賠償，是否太不近人情了呢？其實不然，請看以下的分析：

⊙雙方明訂履行離婚協議書的方式，違反規定者，當然要有一定的處罰，否則簽了約卻不履行，還要一直上法院要求對方履行，那不是整死人了嗎！

⊙所以離婚協議書中，應明訂雙方不履行的法律效果，才能讓

雙方確實遵守約定，正所謂「先小人，後君子」，正是這個意思。

另外，會面交往權係基於親情而存在的基本權利，不得放棄。即便離婚協議書中載明放棄，仍屬違反善良風俗而無效。（高雄地院93年度婚字第781號民事判決）

法·令·分·析

如何訂定探視權（會面交往權）的內容？

《 會面交往協議書 》(範本)

一. 平時(非寒暑假期間)：被告每月第2、4個週六上午9時，在○地或兩造所約定之地點，將○○○交付予原告照顧，原告於翌日（ 即週日)晚間7時，在○地或兩造所約定之地點送回○○○予原告。

二. 寒暑假期間：於○○○就學之學校放寒、暑假之期間，前半段期間由原告負責照顧，後半段期間由被告負責照顧。兩造應於寒、暑假開始前 1 週內協調交付之具體時間、地點。

三. 農曆年期間：

(一). 每單數年(以新曆年為準)農曆除夕被告得於當日上午9時，在○地或兩造所約定之地點，將○○○交付予原告照顧，再由原告於翌日(即年初一)晚間7時前，在○地或兩造所約定之地點送回○○○予原告。

(二). 每雙數年(以新曆年為準)農曆年初二被告得於當日上午9時，在○地或兩造所約定之地點，將○○○交付予原告照顧，再由原告於翌日(即年初三)晚間7時前，在○地或兩造所約定之地點送回○○○予原告。

(三). 農曆年被告會面期間如與寒假被告會面交往期間重疊，不另補足重疊日數。

四. 若有其他節日或特殊活動，經事先聯繫，得交付與原告照顧。

五.會面交往之方式及應注意事項：

㈠.每單數年 被告於不影響子女○○○正常作息下，得以電話、書信、傳真或電子郵件等方式，與子女○○○交談、交往及聯絡，相對人及其家屬不得拒絕。

㈡.每單數年 聲請人得為致贈禮物、交換照片、拍照等行為，並得出遊。

㈢.每單數年 聲請人家人、朋友、得陪同會面。

㈣.每單數年 為促進子女人格正常發展，兩造不得有危害○○○身心健康之行為，並不得對其灌輸反抗對造之觀念。

六.如○○○於會面交往中患病或遭遇事故，而相對人無法就近照料時，聲請人應為必要之醫療措施。

七.○○○地址，聯絡方式或就讀學校如有變更，相對人應隨時通知聲請人。

八.應尊重子女○○○之意願，於○○○年滿16歲時，自行決定與原告會面交往之期間及方式。

九.相對人如未遵守前述子女會面交往之時間、方式及應注意事項，聲請人得依民法第1055條第3項規定，請求法院改定監護人。聲請人如違反本附表所示事項或未準時交還子女時，相對人得聲請法院依民法第1055條第5項，禁止聲請人繼續探視或減少探視之次數。

　　探視權(會面交往權)之實際內容，仍須依照讀者個別情況調整。茲將此份參考範本重點整理如下：

	項目	內容	建議事項
會面時間	平時	通常是週末，每月兩次為宜。	應考量雙方住居所之距離，來決定探視的次數。
	寒暑假期間	一人一半。	考量小孩子的暑假生活，是否會影響其參與的活動。 可考量區分成前後半段，或每隔十日交互照顧。
	農曆年期間	一人一半。	建議可分成除夕至大年初一，大年初二至大年初四二個階段，隔年輪流。
	特殊情況	事先約定	此屬例外狀況，不應成為常態，以避免產生爭議。

	內　　　容
會 面 時 間	通訊正常化
	家人陪同會面
	不得灌輸負面印象
	緊急醫療處置
	提供聯絡方式
	子女意願之尊重

■ 如何訴請法院裁定？

　　如果當初訂定的會面交往權內容不夠明確，或者是對方刻意刁難，仍然可以訴請法院裁定會面交往之方式。訴狀範本如下：

《民事聲請酌定與未成年子女會面交往方式狀》（範例）

案號：○○年度○○字第○○○號

股別：○股

聲請人：○○○　住居所：○○○○○○

聯絡電話：○○○○○○

相對人：○○○　住居所：○○○○○○

聯絡電話：○○○○○○

為聲請酌定與未成年子女會面交往方式及期間：

一.准予聲請人得依<u>如附表</u>所示之方式及時間與未成年子女○○○會面交往(參照　證物二)。

二.聲請程序費用由相對人負擔。

事實及理由

兩造於○○年○○月○○日離婚，未成年子女○○○協議由相對人監護，但至今

均未容許探視接回同宿，聲請人有時打電話給子女，相對人及其家人拒不交給子女接聽。爰依民法第1055條第5項規定請求。

此　致　　○○○○地方法院家事法庭　公鑒

證物名稱及件數：
一、戶籍謄本1件。
二、酌定會面探視事件附表

中　華　民　國　　○○○○　年　○○　月　○○　日
　　　　　　　具狀人：○○○　　（簽名蓋章）□
　　　　　　　撰狀人：

其中，附表的部份，可以將前述有關「會面交往協議書」附於訴狀後方，供法院參考裁定之用。

【 子女扶養費用 】

實·案·追·緝

■ 少女小慈為什麼要告老爸？

　　民國87年耶誕節前夕，還是小學生的小慈親自寫訴狀，向法院提出要求紀姓生父給付1,500萬元的扶養費，而且這起官司已經纏訟十年。

　　小慈94年間赴大陸求學，意外在大陸網站上，發現紀父在大陸投資的公司與人打官司，從大陸法院判決上取得父親

相關資產的資料。過去他父親的律師一再強調在公司已無持股，此次高院向相關單位調閱公司資料，成為相當有力的佐證。

從法院調查資料顯示，紀父仍是蜜雪兒公司最大持股的股東；大陸的法院判決也顯示，蜜雪兒在大陸投資的子公司完全是台灣所有，紀父仍持有最大股分。

紀父的律師則表示，法院判決後，紀某每月都如期給付兩萬多元給小慈，沒必要一次給付1,500萬元。

法·令·分·析

■ 扶養義務的基本觀念

先來看一下扶養義務的條文：

【民法第 1116-2 條】

父母對於未成年子女之扶養義務，不因結婚經撤銷或離婚而受影響。

所以即使離婚，前夫還是要負擔子女扶養的義務，媽媽是以子女法定代理人的身分代為請求，有些法院是以媽媽代收的名義進行判決

已經支付的扶養費用，可以請求嗎？

可以，依據民法不當得利或無因管理加以請求。

■ 為什麼會一次主張1,500萬元？

扶養費的部份，通常都是每月給付。除非過去沒付的部份，要求對方補足。例如過去十年都是媽媽負擔，那過去十年父親沒有給付的金額，就可以一次要求父親給付。

預支未來的扶養費恐怕就會有問題，假設小孩子沒有活到二十歲(假設扶養到成年)，那預先支付的金額怎麼辦？退還嗎？

所以，還是按月給付比較好。

比較擔心的一點，如果父親跑到大陸或其他國家不回來，那就算判決勝訴，也很難要求老爸按月給付。

■ 不平等條約，效力如何？

離婚協議書載明下列內容，效力為何？

「監護權歸甲方(女方)，甲方不得向乙方主張小孩子丙的扶養費用。」

扶養費是子女的權利，離婚後，通常由單方取得監護權，例如甲方(女方)取得小孩子丙的監護權，甲是丙的監護人，也就是法定代理人。

【民法第1098條】...

監護人為受監護人之法定代理人。

監護人於保護、增進受監護人利益之範圍內，行使、負擔父母對於未成年子女之權利、義務。

....

【民法第1097條本文】 ....

除另有規定外，監護人於<u>保護、增進受監護人利益之</u>
<u>範圍內</u>，行使、負擔父母對於未成年子女之權利、義務。
但由父母暫時委託者，以所委託之職務爲限。

....

離婚協議書載明「甲方(女方)不得向乙方主張小孩子丙的
扶養費用」，這種用放棄扶養費請求權，換取監護權的條款，並
不是有利益於受監護人，不是代理的範圍內，不會對子女發生
效力。

所以，子女還是可以依據自己權利，向未取得監護權的一
方，主張扶養費用。

當初應該載明
清楚才對呀！

判決離婚十一種事由

【民法第1052條】

　　夫妻之一方，有下列情形之一者，他方得向法院請求離婚：

一.重婚。

二.與配偶以外之人合意性交。

三.夫妻之一方受他方不堪同居之虐待。

四.夫妻之一方對於他方之直系尊親屬爲虐待，或受他方之直系親屬之虐待，致不堪爲共同生活。

五.夫妻一方已惡意遺棄他方在繼續狀態中。

六.夫妻一方意圖殺害他方。

七.有不治之惡疾。

八.有重大不治之精神病。

九.生死不明已逾三年。

十.因故意犯罪，經判處有期徒刑逾六個月確定。

　　有前項以外之重大事由，難以維持婚姻者，夫妻一方得請求離婚。但其事由應由夫妻一方負責者，僅他方得請求離婚。

【 重婚 】

實·案·追·緝

合法擁有兩個配偶？

【民法第1052條 第 1 項 第 1 款 】

夫妻之一方，有下列情形之一者，他方得向法院請求離婚：重婚。

我國並不像回教國家，可以合法擁有四個老婆。但因為歷史悲劇與一些特殊情況，過去有幾種情況，例外允許合法重婚的存在。

第一種情況，是老兵來台。因為八年對日抗戰、國共內戰，老兵留下配偶在大陸，多年無法返回大陸家園，只好在台灣重新尋找配偶，落地生根。(釋字第242號解釋)

第二種情況，則是信任法院離婚判決。

舉一個實務上發生的案例，志明與春嬌結婚後，兩人感情逐漸生變，春嬌自行帶著小孩前往美國。志明明知春嬌在美國的聯絡方式，竟故意指為所在不明，並先打履行同居義務後，春嬌不知道志明的主張，當然沒有回國履行，然後志明再起訴主張惡意離棄，請求法院判決離婚獲准。

志明後來又與另一名女子小美結婚，本想就此過著幸福快樂的日子。想不到，春嬌回國發現此事，認為志明明知春嬌住所，居然還加以隱瞞，遂提起再審，法院於是做出廢棄

原離婚判決。春嬌接著又提起志明與小美結婚無效的確認之訴，也獲得勝訴。

小美後來向大法官會議提出解釋聲請，大法官會議認為小美信任第一個離婚的確定判決，才會與志明結婚。這種因為信賴法院判決，最後卻落得婚姻無效的下場，顯然不對。故大法官認為前後婚姻都應該同時存在。（釋字第362號解釋，第552號解釋則限縮要件）

法·令·分·析

先前大法官會議作出三次解釋，讓禁止重婚的我國，有一個小漏洞可以鑽。

民法第988條為此而修正，遵循釋字第552號所增加之限縮要件，必須後婚姻的雙方是善意且無過失，信賴一方前婚姻消滅之兩願離婚登記，或離婚確定判決而結婚者，後婚姻就屬於有效婚姻。

【民法第985條】.............................

有配偶者，不得重婚。

一人不得同時與二人以上結婚。

【民法第988條第1項第3款】.............................

三、違反第九百八十五條規定。但重婚之雙方當事人因<u>善意且無過失</u>信賴一方前婚姻消滅之兩願離婚登記或離婚確定判決而結婚者，不在此限。

像是本例所提的志明，故意不告訴法院春嬌的住居所，就是有過失了，當然不能主張後婚姻是有效的婚姻。

換言之，這樣子的要件嚴格許多，要想擁有兩個合法配偶的現象將難以存在。

那後配偶怎麼辦？則只能依據民法第999、1057、1058條，主張一些財產、非財產之損害賠償、贍養費，及財產分配等。相關規定如下：

【民法第999條】...

當事人之一方，因結婚無效或被撤銷而受有損害者，得向他方請求賠償。但他方無過失者，不在此限。

前項情形，雖非財產上之損害，受害人亦得請求賠償相當之金額，但以受害人無過失者為限。

前項請求權，不得讓與或繼承。但已依契約承諾或已起訴者，不在此限。

【民法第1057條】...

夫妻無過失之一方，因判決離婚而陷於生活困難者，他方縱無過失，亦應給與相當之贍養費。

【民法第1058條】...

夫妻離婚時，除採用分別財產制者外，各自取回其結婚或變更夫妻財產制時之財產。如有剩餘，各依其夫妻財產制之規定分配之。

前配偶的婚姻雖然保住了，但若是覺得也沒有繼續維繫夫妻情份之必要，可以依據本款規定訴請法院判決離婚。

法律達人的建議

一夫一妻還是比較單純。

如果夫妻間感情真的發生問題，就好好地互相面對，即便離婚收場，也要好聚好散。很多夫妻緣分已盡，但雙方仍舊是好朋友的關係。

切莫幻想能夠鑽法律漏洞，享有齊人之福，最後恐怕落個兩頭空。

【 與配偶以外之人合意性交（1/4）】

實案追緝——認識通姦

穿內褲抱抱，法官認定非通姦

有一則報導「穿內褲抱抱，法官認定非通姦」，從旁人的角度來看非常有趣，讓我們來評析一下吧！

志明結婚多年後，因婚姻生活無趣，遂離家尋訪第二個春天。遇到春嬌後，兩人相知相惜，遂同居在一起。可是志明尚未離婚，與春嬌兩人只能算是婚外情，必須偷偷地在一起。怎料，兩人因為愛愛未避孕，竟然產下一女。

志明的太太某日調閱戶籍謄本，居然發現志明與春嬌生了一個女孩子的事實。志明心想既然東窗事發，乾脆就向法

院訴請離婚，法院認為志明自己搞婚外情，哪有理由訴請判決離婚，而駁回起訴。

後來，志明再接再厲，又以夫妻有名無實，訴請離婚。

志明的太太忍氣吞聲多時，受不了志明欺人太甚，於是對春嬌與志明提出通姦罪的官司。

志明的太太還找來小叔阿福作證，證明阿福曾撞見春嬌與志明兩人僅穿著內衣褲，在床上相互擁抱。當時春嬌與志明非常不好意思，阿福也非常尷尬，掉頭就走。

志明會成立通姦罪嗎？

法·令·分·析

■ 檢察官的看法

檢察官認為阿福看到兩人曾經抱在一起，不足以證明兩人發生性行為。

其次，被告兩人因婚外情生了小孩，雖可證明兩人確實不軌。但從知悉不軌到提出告訴，整整經過大約五年的時間，早就超過六個月的告訴期間。所以，予以不起訴處分。

■ 兩點啟發

這起事件獲得了什麼啟發呢？

第一，欣賞久一點

想當證人，一定要看久一點，看到重點再走。

【 刑法第239條的通姦罪 】

> 有配偶而與人通姦者，處一年以下有期徒刑。其相姦者亦同。

不能只看到兩個人抱在一起，要看到重點。否則，檢察官或法官會認為又沒有「性交」，頂多「神交」（精神交會）。

第二，別拖太久，否則連法院也不理妳

通姦罪是告訴乃論罪，也就是必須提出告訴，執法機關才能受理偵辦。

要在多久的期間內提出告訴呢？六個月，條文規定如下：

【 刑事訴訟法第237條第1項規定 】

> 告訴乃論之罪，其告訴應自得為告訴之人知悉犯人之時起，於六個月內為之。

■ 志明失敗的原因

志明第一次為什麼訴請判決離婚，卻無法成功？

如果依據新修訂的民法規定，已經修訂成如下規定：

【 民法第1052條第1項第2款 】

> 夫妻之一方，有下列情形之一者，他方得向法院請求離婚：與配偶以外之人合意性交。

　　因為是志明自己跟春嬌有外遇，並不是志明的老婆，所以志明無法依據第1項第2款的規定「與配偶以外之人合意性交」，訴請離婚。

　　志明第二次訴請離婚，應該是主張第2項規定，有其他重大事由，例如兩人已經分居多時，是有機會可以訴請離婚成功。

【 民法第1052條第2項 】

　　有前項以外之重大事由，難以維持婚姻者，夫妻一方得請求離婚。但其事由應由夫妻一方負責者，僅他方得請求離婚。

　　另外，因為志明是有過失的一方，依據民法第1056條，必須負擔損害賠償以及支付贍養費。

【 與配偶以外之人合意性交（2/4）】

實·案·追·組

■ 偷我老公，為何你沒事

　　某媒體報導「與夫有染？ 嗆她欠人X」，內容是莊女懷疑老公與陳女有一腿，一氣之下，在社區大樓牆壁、路燈、電梯內，張貼內有陳女名字的字條，以「不要臉」、「臭女人」、「玩死你」、「偷人老公」、「通姦」、「只會陪男人睡覺」等字條妨害其名譽，甚至於在陳女轎車引擎蓋上以粉筆寫「欠人X！ＯＯ癢！」

陳女一氣之下，就控告莊女，地檢署以妨害名譽罪將莊女起訴。

　　就算是事實，莊女的行為很明顯成立「公然侮辱罪」與「誹謗罪」。陳女還表示，等到妨害名譽罪成立之後，還要主張民事上的損害賠償。

🔍 法令分析──通姦與誹謗

　　或許讀者看到這則消息，會義憤填膺地替莊女抱不平，和莊女一樣地說：「通姦的沒事，我卻要被關，難道發洩情緒也不行嗎？」

　　當然可以，在家裡刺草人、下符咒、做一個人像射飛鏢，都是不錯的發洩情緒管道。

　　假設陳女真的有跟別人老公一腿，最後卻要莊女「關在監牢+賠錢」，恐怕任何人都會覺得很不合理。然而，這正是「舉證之所在，敗訴之所在」的悲慘結果。

　　那莊女應該怎麼做呢？

　　暫時按兵不動，偷偷地蒐集兩人通姦的證據，所謂「抓姦在床」，不只要在床，還儘量能夠採集到有兩人DNA的體液。若是有一些兩人濃情密意的書信或簡訊，也可以偷偷地拍照或影印存證。

　　這麼大費周章地蒐集證據有什麼好處呢？

　　第一，控告這對男女通姦罪。

　　第二，可以主張陳女侵害其權益，請求損害賠償。

第三，以通姦為理由，訴請法院判決離婚。

但是，要特別注意一點，如果事前同意或事後宥恕，或知悉後已逾六個月，或自其情事發生後已逾二年者，不得請求離婚。舉個例子來說明一下，例如因為莊女無法生小孩，所以事前同意老公跟陳女生小孩，或者是通姦之後，怕被鄰居取笑，所以容忍與原諒老公犯了每個男人都會犯的錯誤。

第四，判決離婚時，若莊女受有損害，可以向前夫請求損害賠償。

然而，有什麼損害賠償呢？

有時候只是精神上的痛苦，這種痛苦也可以主張精神上的損害賠償，也稱之為「慰撫金」。不過，若是莊女也有過失的話，就不能主張精神上的損害賠償。

第五，莊女無過失時，若因判決離婚而陷於生活困難者，前夫應給與相當之贍養費。

反之，由於莊女只是宣洩情緒，到處張貼侮辱、誹謗陳女的內容，這些都被陳女蒐集作為反擊的證據。當雙方宣戰時，莊女想要再蒐集通姦的證據，恐怕已屬事實不能了，只能任陳女宰割。

法律達人的建議

很多人的老公發生外遇，當妻子的常會到處宣揚，要讓對方名譽嚴重受損，在手頭上沒有證據的情況之下，常會遭對方控告誹謗罪。

當事人常會不滿的說，我講的都是真實，為什麼還被判刑。

這時候就要學學如何「合法誹謗」的招數，有兩個要件要構成，第一是「真實性」，就是所講的是有憑有據的，例如看到老公手機中，有狐狸精傳來的簡訊，內容是「昨晚的翻雲覆雨，讓我覺得你是個真正的男子漢」，這些可以佐證你所講的是真的。

但是光有第一個真實性的要件是不夠的，還要有第二個要件，就是「公共利益」。目前大多數的法院都認為只要不是公眾人物而與他人通姦，都是「私德」，並非屬「公共利益」，於是將散佈的人判處誹謗罪。

當然，這點是可以審酌的，有知名學者認為，通姦行為是我國刑法禁止的行為，這種刑法禁止的行為，通常具有較高的社會不容許性，當然可以受到公眾的評價。因此，把通姦的事實公佈於眾，只要是真實的，就沒有誹謗罪的問題。

但是，看現在法院的判決，恐怕並不採此一見解。建議還是不要到處張揚，以免遭法院判刑。

【 與配偶以外之人合意性交（3/4）】

人 實·案·追·緝

■ 抓姦在床的學問：一張裸照怎麼夠？

　　蔡姓婦人懷疑丈夫與吳姓婦人有染，但抓姦過程中，卻一直沒有辦法抓到兩人的姦情。

直到95年10月間，蔡姓婦人發現丈夫電腦有吳婦裸照，遂向台南地檢署控告丈夫與吳婦妨害家庭，蔡婦丈夫及吳婦雖供認一起出國2次及拍攝吳婦裸照，但仍否認有越軌行為，檢察官依妨害家庭罪將兩人起訴。

法官指出，裸照只有吳婦一人，並非兩人通姦的照片。蔡婦丈夫為吳婦拍裸照難免瓜田李下，但無法證明雙方有染。

🔍 法·令·分·析

本案判決結果似乎與一般民眾之觀念有落差，用腳趾頭想，都應該可以猜想蔡婦丈夫及吳婦兩人出國，怎麼可能會沒有姦情？

除非蔡婦丈夫下半身「不行」，兩人只是出國住在飯店共進浪漫晚餐，陪伴一同看看旅遊景點的風景。

但是，這些都是處於茶餘飯後旁人推斷的結果，法庭上對於一個人是否觸犯刑法規範，就非常嚴謹了，必須有證據證明兩人有通姦的行為才可以。

出國，可能是基於共同的信仰，相約參拜禮佛，舉頭三尺有神明，兩人相敬如賓。法庭上怎能因為共同出國兩次，就誣指二人有姦情。

裸照，只有吳婦一人，說不定這是個人興趣，在民風如此開放的社會中，將自己裸照送人欣賞，也可能是未來送禮的趨勢。

因此，空有裸照，恐怕不能推導出兩人有通姦的行為。

那要如何才會成立通姦罪呢？一般會成立通姦罪，常見情況如下：

- ⊙抓姦在床，被拍照存證。
- ⊙抓姦來不及在床，但通姦雙方共處一室，且承認有姦情。
- ⊙抓姦來不及在床，取得垃圾桶中之衛生紙、保險套、或其他特殊物體。
- ⊙抓姦來不及在床，但抓到生出來的小孩子，不是抓姦者的小孩子。

因此，抓姦是一門高深的學問，最好抓姦在床，只是時間往往相當緊湊，短則幾分鐘，長則數小時。抓姦者必須依據另一半的能力與表現，預估何時衝入，才能剛好抓姦在床。但有時候另一半在家中與外面的表現恐怕會有相當大的差距，所以時間可能會算不準，必須特別注意。

法律達人的建議

曾有某媒體報導「夫抓姦屢敗屢戰，妻反感訴離」，報導中提到「看到妻子和對方進飯店半小時後就衝入，雖然妻子和鄭姓男子共處一室，但2人衣著完整，室內整潔，現場沒有衛生紙和其他跡證」、「這次2人還是穿著整齊，連被套都沒打開過」。

總之，沒有足夠的證據，請不要依據本款訴請離婚。

【 與配偶以外之人合意性交（4/4）】

實・案・追・組

■ 褒忠鄉洗門風事件

媒體曾有一篇「洗門風 此風不可長」報導。

洗門風，這可是筆者第一次聽到。

原本是兩位從小就玩在一起的兒時玩伴，其中一位陳姓男子與張姓友人之妻有染。張姓男子發現後，本來約定賠償75萬元，但陳姓男子對外放話遭仙人跳。

張姓男子一氣之下，決定改成陳某下跪洗門風道歉，此外還要分送香菸、檳榔給街坊鄰居。

法・令・分・析

這起新聞事件跟法律有關係嗎？

洗門風並不是法律規範，應該算是社會規範的一種。

先來簡單介紹一下社會規範，還記得當學生時相約出去玩，大家約定如果遲到就要罰請大家喝飲料，或者是幫忙提行李。

如果學生沒寫作業，罰抄課本五遍，這是班規。

老公回家太晚，老婆罰老公跪算盤一整天、按摩50個小時，這是家規。

通姦的行為，違反刑法的規定。遲到、沒寫作業、晚回

家，並不是法律禁制的違法行為。不過，有許多違法行為，也會發生在其他小團體中，例如小學生偷同學錢，老師未必會將學生送法辦，但會給予適當的處罰，如掃廁所或勞動服務一個禮拜。

刑法的制裁應該是最後不得已的手段，通姦屬於告訴乃論，若能雙方達成和解，也算是解決問題的一種方式。

有人稱洗門風是私刑，這一點筆者比較持保留的態度，因為罰跪四個小時，送檳榔請街坊鄰居吃，與前面所舉之老公晚回家遭到的處罰，似乎差不了多少。不過，老公晚回家都罰得這麼悽慘了，菜市場前罰跪個四個小時，而且還是通姦行為，處罰的程度似乎沒差多遠。而且，罰跪與伊朗、哥倫比亞動輒因為通姦而吊死、鞭形的處罰，似乎還不至於到不人道的地步。

家有家規、村有村規，透過一些小團體的內部制約，只要不違反法律，當事人又同意的情況下，應該是可以被接受的。只是，這個年頭媒體機動性太強，四個小時還沒跪完，媒體早已蜂擁而至，搞個全國人盡皆知，也算是刻骨銘心的教訓。

【 夫妻之一方受他方不堪同居之虐待 】

實·案·追·緝

■ 情趣強逼做愛，夫賠妻60萬元

林姓婦人指控丈夫有多年未住在家裡，在外與「野花」

同居，偶爾回來，經常酒後對她拳打腳踢，且不顧她的意願，以暴力強迫行房，還常拿出跳蛋、按摩棒等情趣用品，要她配合使用，讓她身心受創。

林姓婦人拒絕丈夫使用情趣用品，即遭丈夫冷嘲熱諷，不但誇讚外面的女人床上功夫有多棒、性能力有多麼好，還詳述與別的女人是如何做愛、纏綿，甚至譏諷她沒能力捉姦在床。

林姓婦人為了躲避不再遭丈夫踐踏，都睡在沙發上，因為一躺在床上，腦海就會浮起丈夫與別的女人纏綿畫面，還會想起丈夫對她的嘲諷言語。

林姓婦人於是蒐集證據，訴請法院判決離婚，法院判准離婚，還判決夫應賠償妻60萬元。

■ 性愛照放在電腦中的風險

吳姓牙醫以妻子動輒懷疑他有外遇、精神受虐等理由，向法院訴請離婚。具體的虐待事由如下：

⊙妻子多次揚言要帶女兒去自殺

⊙懷疑他和護士有染，逼護士離職

結果法院一調查，才發現吳姓牙醫真的跟護士有染，妻子還握有七十幾張性愛照片(吳姓牙醫以「廣告」資料夾為檔名掩飾)，但對象不是護士，是妻子的好朋友。

再加上大女兒證稱，「爸爸和護士姊姊一起吃一個冰淇淋」，小女兒也天真的說：「爸爸和護士姊姊親親。」

法官大概認為這怎麼會是妻子虐待吳姓牙醫，應該是吳姓牙醫應對婚姻危機負較大的責任，於是駁回其離婚請求。

法·令·分·析

■ 離婚成功還獲得賠償

第一個案件中，除了當事人的陳述外，相關證據如下：

⊙ 林姓婦人因丈夫施暴，曾獲法院核發暫時保護令。

⊙ 兒子作證說，爸爸在外有女人，只偶爾返家，常在酒後打罵母親。

起訴的依據：

【民法第1052條 第 1 項第3款 】

夫妻之一方，有下列情形之一者，他方得向法院請求離婚：夫妻之一方受他方不堪同居之虐待。

那60萬元又是怎麼回事呢？

判決離婚的結果，可能會遭致夫妻之一方的損害，為了填補損害，可以向有過失的一方請求賠償。但是「財產上」的損害，有時候很難有具體的估算及數字，因此較為少見。比較常見者，則是「精神上」的損害，其損害賠償稱之為「慰撫金」。

【民法第1056條 第 2 項規定 】

前項情形，雖非財產上之損害，受害人亦得請求賠償相當之金額。但以受害人無過失者為限。

　　因此，林姓婦人精神上受到嚴重傷害，自然可以請求前夫給付一定之賠償。

　　反之，其前夫可否向林姓婦人請求同樣的賠償呢？

　　答案是不行，因為同項但書規定「但以受害人無過失者為限」，其前夫是導致離婚的主要原因，自然不能請求慰撫金。

■ 私密資料別放在電腦中

　　特殊照片、影片放在電腦中是有風險的，如果被植入木馬，甚至於可以被駭客偷走而公佈上網。

　　如果不放在電腦中，燒成光碟就可以高枕無憂了嗎？

　　恐怕也未必。花蓮有位醫生與護士偷情，自己將兩人的性愛過程錄製成光碟，放在櫃子中。結果，某天小偷潛入醫生家中，把包括光碟的財物偷走，小偷看到光碟的內容後，覺得獨樂樂不如眾樂樂，就透過Foxy分享給大家。

　　即使是用手機拍攝，也有高度的風險。例如手機送修時，被維修人員偷偷地備份，即使刪除了，也可以透過特殊設備加以還原，陳冠希的慾照外流就是血淋淋的案例。

　　總之，特殊影片可別亂拍。

法律達人的建議

　　除了損害賠償外，判決離婚還有贍養費、夫妻財產分配等問題，可別忘記離婚應有的權益喔！

【 直系尊親屬之虐待 】

實·案·追·緝

■ 阿信的一生

日劇「阿信」描述一位女子阿信在困苦的環境中，小時窮困，去當女傭。因她勤快、聰明，而獲得主人全家的喜愛。長大後，去都市討生活，拜師在做頭髮師傅門下，同樣以勤勞、聰明、善解人意獲得師傅的喜愛。後來與一位布莊年輕老闆結婚，正當走向光明人生之際，東京的一場地震讓一切都毀了。阿信與夫君只好回鄉投靠公婆，悲劇就此開始。

阿信的婆婆要求阿信不僅要處理家務、管理飯食，也要開墾荒地，即使阿信懷孕在身。大量的體力勞動、吃不飽的飯食、睡不飽的覺，終於阿信體力不支，傷了手臂，甚至連第二胎的孩子因此流掉了。

阿信在婆婆的虐待下並評估在鄉下沒出路，於是撇下丈夫、帶著孩子偷偷出走，回到都市重新奮鬥。但因手臂受傷，無法再做美髮工作，改行做生意。丈夫後來也從鄉下來找她，生意越做越大。不幸第二次世界大戰來臨，長子去世、丈夫自殺，人生又陷入苦境。

不過，終究她又站起來，成爲一個成功的生意人。

法·令·分·析

阿信的一生是典型的直系血親之虐待，相關規定如下：

【民法第1052條第1項第4款】

夫妻之一方，有下列情形之一者，他方得向法院請求離婚：夫妻之一方對於他方之直系尊親屬為虐待，或受他方之直系親屬之虐待，致不堪為共同生活。

因此，阿信除了撇下丈夫、帶著孩子偷偷溜走外，還可以依據上述條文，訴請法院判決離婚。

此外，常見三代同堂，若女婿或媳婦虐待岳父母或公婆，導致夫妻失和、家門不幸，這種情況也可以依據本款規定，訴請法院判決離婚。

法律達人的建議

婆媳問題最為常見。基本上，這是一個人際關係處理的問題。可是，並不是每一個人面對的婆媳問題都相同，還是有許多情況令人難以忍受。

忍一時風平浪靜，無法忍時，本款規定是讀者最後的法寶。

【夫妻一方已惡意遺棄他方在繼續狀態中】

實·案·追·緝

■ 外籍配偶的台灣

印尼、越南、大陸配偶屬外籍配偶的主要來源國，包括大

陸港澳人士，每年均高達近二萬五千人，累計至今，已經有約四十萬人的外籍配偶。

外籍配偶來台可能發生水土不服的現象，或者是與原本的落差太大，例如早期迎娶外籍配偶者，多屬經濟上較為弱勢的身心障礙者、中低收入戶，外籍配偶來台灣，發現未必能過著與理想相近的富裕生活，甚至於忍受家暴的遭遇。但是，為了獲得一張身分證件，深怕離婚被送回國，而無法歸化入籍。只是很多外籍配偶忍受不了長期家暴，就返回家鄉不再來台灣。

不論是否屬於外籍配偶的情況，假如配偶惡意遺棄另一半，面對此種情況，該如何主張呢？

法・令・分・析

這時候得依據下列條款訴請法院判決離婚，先來看一下相關條文：

【民法第1052條第1項第5款】

夫妻之一方，有下列情形之一者，他方得向法院請求離婚：夫妻一方已惡意遺棄他方在繼續狀態中。

本條款之前提，必須提出履行同居義務之訴，若仍不履行，即可訴請判決離婚。

履行同居義務之調解

打官司之前，可以先請求調解，如何撰寫調解訴狀呢？範例如下：

《 民事聲請調解狀 》(請求履行同居)

案號：○○年度○○字第○○○號

股別：○○股

聲請人：○○○　住居所：○○○○○○

　　　　　　　　聯絡電話：○○○○○○

相對人：○○○　住居所：○○○○○○

　　　　　　　　聯絡電話：○○○○○○

為請求履行同居事件，聲請調解：

一.調解聲明

㈠.相對人應與聲請人同居。

㈡.調解程序費用由相對人負擔。《1》

二.爭議事由《2》

聲請人與相對人於○○年○○月○○日結婚，雙方因細故發生爭吵後，相對人竟於○○年○○月○○日離家出走，返回娘家居住(址設：○○縣○○市○○路○○號)。因相對人迄今均拒絕履行同居義務，依據民法第1001條本文規定：「夫妻互負同居之義務。」為此聲請調解。《3》

此致　　○○○○地方法院家事法庭　公鑒

證物名稱及件數：

　　　　　　　　　具狀人：○○○　　(簽名蓋章)

　　　　　　　　　撰狀人：○○○　　(簽名蓋章)

中　華　民　國　　○○○○　　年　　○○　　月　　○○　　日

《1》調解程序之費用，因為屬於非財產權事件，所以免徵費用。相關調解費用如下：

⊙未滿10萬元，免徵。

⊙10萬元以上，未滿100萬元，為1,000元。

⊙100萬元以上，未滿500萬元，為2,000元。

⊙500萬元以上，未滿1,000萬元，為3,000元。

⊙1,000萬元以上，為5,000元。

⊙非財產權事件，免徵。

《2》將調解事由簡單扼要地描述出來，勿流於情緒化之文字。

《3》民法第1001條本文規定：「夫妻互負同居之義務。但有不能同居之正當理由者，不在此限。」

■ 請求履行同居義務

以惡意離棄作為判決離婚之理由，必須經過三個階段，其一如前所介紹的聲請調解；調解不成立時，則再來主張履行同居義務；若仍不履行同居義務，則再以惡意離棄為理由，訴請法院判決離婚。

通常會向法院訴請履行同居義務，其目的在於準備以惡意離棄為理由，請求法院判決離婚。

其訴狀範本如次：

《 民事起訴狀 》（請求履行同居）

案號：○○年度○○字第○○○號

股別：○○股

原告：○○○　　住 居 所：○○○○○○

　　　　　　　聯絡電話：○○○○○○

被告：○○○　　住 居 所：○○○○○○

　　　　　　　聯絡電話：○○○○○○

爲請求履行同居事：

訴之聲明

一.被告應與原告同居。

二.訴訟費用由被告負擔。

事實及理由

一.原告與被告於○○年○○月○○日結婚，惟被告性喜玩樂，不願照顧家中起
　居。自○○年○○月○○日起，更是在外居住，不願返家，<u>業經向貴院聲請
　調解不成立。(參照證物一)</u>《1》

二.爰依據民法第1001條本文規定：「夫妻之一方已惡意遺棄他方在繼續狀態
　中。」請求法院判決如訴之聲明。

此致　　　○○○○地方法院家事法庭　　公鑒

證物名稱及件數：

一.<u>貴院第○○號調解書乙份。</u>《2》

　　　　　　　　　　　　　具狀人：○○○　　（簽名蓋章）

　　　　　　　　　　　　　撰狀人：○○○　　（簽名蓋章）

中 華 民 國　　○○○○　　年　　○○　　月　　○○　　日

《1》若曾經向法院聲請調解，可在起訴狀中載明。

《2》附上調解書作為證明。

■ 訴請法院判決離婚

向法院訴請履行同居義務後，若對方仍不願履行，則可以以惡意離棄為理由，請求法院判決離婚。

其訴狀範本如次：

《 民事起訴狀 》（請求離婚事件）

案號：○○年度○○字第○○○號

股別：○○股

原告：○○○　　住 居 所：○○○○○○

聯絡電話：○○○○○○

被告：○○○　　住 居 所：○○○○○○

聯絡電話：○○○○○○

為請求離婚事：

訴之聲明

一.原告與被告離婚。

二.兩造所生子女○○○之權利義務由原告行使及負擔。《1》

三.訴訟費用由被告負擔。

事實及理由

一.原告與被告於○○年○○月○○日結婚，惟被告性喜玩樂，不願照顧家中起居。自○○年○○月○○日起，更是在外居住，不願返家，業經向貴院聲請調解不成立(參照證物一)，及訴請貴院判命被告履行與原告同居之義務確定。(參照證物二)《2》

二.爰依據民法第1052條第1項第5款規定：「夫妻互負同居之義務。」請求法院判
決如訴之聲明。

此致　　○○○○地方法院家事法庭　公鑒

證物名稱及件數：

一、貴院第○○號調解書乙份。

二、貴院○○年度家訴字第○○號民事判決。

具狀人：○○○　　（簽名蓋章）

撰狀人：○○○　　（簽名蓋章）

中　華　民　國　　○○○○　　年　　○○　　月　　○○　　日

《1》此即所謂的監護權歸屬，有關於子女權利義務之行使及負
擔，可參考本書Part IV離婚篇之子女監護權之爭取。

《2》除了說明離婚之事實及理由外，將先前聲請調解及訴請履
行同居義務之判決提出，作為佐證之用。

【 夫妻一方意圖殺害他方 】

實·案·追·緝

■ 若為嫖妓故，婚姻皆可拋

「法官，如果不離婚，我以後去嫖女人被警察抓到，就很
不好，所以我離婚的目的是要獲得自由。」

這是一名宜蘭縣七十歲老翁訴請法院判決離婚的理由。看來這位老翁的體力還很好，為了嫖妓，婚姻都可以不要了。

另外，老翁還說夫妻間有感情糾紛，妻子企圖拿刀殺他。

經法院調查結果，發現十年才吵架三次，反而是老翁常指責妻子外遇，妻子不堪其擾，才拿刀子恐嚇老翁，法院據此認為妻子不具有殺害老翁的意圖。

老翁的子女都站在老媽這邊，表示千錯萬錯都是老翁的錯。

請問，老翁可以順利達成其離婚的心願嗎？

法·令·分·析

這位老翁想離婚，可是要先看熟民法規定，不是想離婚就能離婚，否則到了法庭，只是一場笑話罷了。

這名老翁訴請法院判決離婚的理由如下：

【民法第1052條 第 1 項第 6 款 】

夫妻之一方，有下列情形之一者，他方得向法院請求離婚：夫妻一方意圖殺害他方。

本案中，十年才吵架三次，後來老翁常指責妻子外遇，妻子不堪其擾，才拿刀子恐嚇老翁，似乎也不是要意圖殺害他方，當然不夠成本款規定，而不得訴請法院判決離婚。

那第二項規定是否符合呢？

【 民法第1052條第2項 】..

　　有前項以外之重大事由，難以維持婚姻者，夫妻一方得請求離婚。但其事由應由夫妻一方負責者，僅他方得請求離婚。

....

　　想嫖妓、想自由，應該沒人會認為因此而難以維持婚姻，也不算第2項的重大事由。

　　況且，就算真的因此而難以維持婚姻，依據第2項規定之「但其事由應由夫妻一方負責者，僅他方得請求離婚。」可歸責的一方是老翁，也是老翁的太太才可以訴請離婚，而非老翁。

🔍 法律達人的建議

　　若有遭殺害、暴力相向的事情發生，請立即先依據家庭暴力防治法，向有關單位請求協助，可以就近尋求警方保護，或打113尋求諮詢協助。

【 有不治之惡疾 】

👤 實・案・追・緝

■ 拋棄病妻，是否人道？

　　彰化縣蔡姓男子的妻子三年前中風變成植物人，因復原無望，雖然夫妻已經結婚22年，還育有三名子女，但蔡某依

據民法第1052條第1項第7款之規定「有不治之惡疾」，訴請法院判決離婚，法院也准了。

蔡某的行為讓娘家不能諒解，經表示會安置妻子下半生的生活，提出不低於一百萬元的信託基金，娘家才無奈同意。但是蔡某房子被法拍，暫時寄居親友工廠，並在工廠內工作，是否有能力支付至少一百萬元的信託基金，實讓人懷疑。

一百萬元？能照顧植物人多久時間呢？

單以外籍看護費計算，每月約20,000元：

20,000*12=240,000元（每年）

大概只能撐個四年吧！

或許現代人的婚姻，已經不是像古代一樣要相守一生。

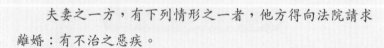

法·令·分·析

■ 法官的見解為何？

先來看一下條文：

【民法第1052條 第 1 項 第 7 款】......

> 夫妻之一方，有下列情形之一者，他方得向法院請求離婚：有不治之惡疾。

法官認為所謂「不治之惡疾」足以危及婚姻關係維繫，在於夫妻共同生活若因身體或健康有障礙，不宜令其繼續共同生

活時，許其請求離婚」。蔡某之妻子是植物人狀態，已屬於不容易治癒之疾病，成為夫妻共同生活障礙，所以准予離婚。

什麼是「不治之惡疾」？或許有人會問植物人還是有可能治癒的機會，不是絕對不可能治癒的疾病。因此，並非屬於「不治之惡疾」，因此不能主張離婚。

但法官對於「不治之惡疾」的認知不太一樣，或許是認為雖屬可能治癒之疾病，但卻是「不容易」治癒之病，只要是不容易治癒之病，就屬於「不治之惡疾」，可以訴請法院判決離婚。

這些是對於法條文義上的不同解釋。筆者認為雖然有一定的比例可以治癒，例如1%，但是比率過低，應該還是算「不治之惡疾」，而得主張離婚。

法律達人的見解

回到人性上的考量。夫妻制度的建立到底是什麼？

不離不棄？免費長工？性愛伴侶？生病的扶助承諾？

從生病互相扶持，否則可能觸犯刑法遺棄罪嫌的角度觀察，夫妻制度成為社會救助機制的一環，讓民眾降低擔憂生病無人照顧的恐懼。

或許當初立法允許「不治之惡疾」屬於離婚之原因，並非認為考量夫妻關係只是為了確保降低生病無人照顧之恐懼，夫妻關係還有其他許多目的，經過利益衡量判斷後，才讓本款成為離婚的原因。

因此，當蔡某已經承諾負擔一定之照顧義務，似乎也沒有再繼續維持婚姻存在之決定必要性。而其他親友、或國家必須在此種情況下介入，保護民眾人性尊嚴的最基本需求。若只剩下創世基金會可以幫助植物人，顯然其他親友、國家在此階段也算是失職了。

【 有重大不治之精神病 】

實·案·追·緝

■ 有了老公，沒了性命？

黃姓男子半夜突然情緒失控，在家中大鬧並毆打雙親，還搬了兩桶瓦斯到街上，作勢要與妻子同歸於盡。警方及消防人員趕到後，他跑上住家頂樓，揚言要跳樓，直到中午才被勸下。

黃姓男子早期因為吸毒，使得腦袋受損，有自殘傾向，會用頭撞牆，性情容易暴躁。而且沒有出外工作，常常把妻子賺來的辛苦錢，莫名奇妙地花光，更常常發狂似地打小孩。

妻子該怎麼辦呢？

法·令·分·析

【民法第1052條 第 1 項 第 8 款】

夫妻之一方，有下列情形之一者，他方得向法院請求離婚：有重大不治之精神病。

夫妻之一方有精神病時，足以破壞夫妻精神上之共同生活，基於目的主義之理由，故民法第一千零五十二條第一項第八款定為得請求判決離婚之事由。唯精神病之可為離婚之原因，須達重大不治之程度，即為現在醫學上不能在可預見之期間內期待其治癒之程度，始足當之。故一時或部分的喪失精神正常狀態，或其所患之精神病雖屬重大，而非不治者，尚不得據為請求離婚之原因（最高法院五三年台上字第二七五號判決參照）。

精神病不問是由於先天遺傳，或因後天所致，亦不問其發病在結婚之前（如在結婚時其精神病處於重大不治之程度，則發生結婚是否有效問題），或在結婚之後，均得為判決離婚之原因。

實務見解夫妻之一方有精神病時，足以破壞夫妻精神上之共同生活，只須其精神病之程度，已達重大不治之程度者，不問其是否由於可歸責於離婚請求權人之原因，均得請求離婚（最高法院七四年台上字第一九五八號判決參照）。

【 生死不明已逾三年 】

實·案·追·緝

　　小美與立民分居近四年，立民一直獨居在南投埔里，921地震時，立民的房子半毀，唯迄今一直未尋獲立民，也未挖掘到立民之屍體，小美可以繼承立民之遺產嗎？小美何時可以合法再婚呢？

法·令·分·析

先來看一下相關法律條文：

【民法第1052條 第 1 項 第 9 款 】

　　夫妻之一方，有下列情形之一者，他方得向法院請求離婚：生死不明已逾三年。

　　除了可以依據本條款訴請離婚外，也可以聲請死亡宣告。因為九二一地震屬於特別災難，該災難終了後一年，小美可向法院聲請死亡宣告，於死亡宣告判決確定之時，在法律上即表示立民已死亡，小美自可繼承立民之遺產，此時，小美亦可合法再婚。

　　所謂「生死不明」，係指夫妻之一方於離家後，杳無音訊，既無從確知其生，亦無從確知其死之狀態而言。原告以被告生死不明已逾三年為理由，而提起離婚之訴者，就被告是生是死

之事實，不負證明之責任（最高法院六十二年度台上字第八四五號判例）。

■ 法律達人你如何聲請死亡宣告

民事聲請死亡宣告狀：

案號：

案號：○○

股別：○○股

訴訟標的金額或價額：

聲　請　人：○○○　住居所：○○○○○○

為聲請死亡宣告事：

請求判決事項之聲明

一、請求宣告張志明死亡。

二、訴訟費用由遺產負擔。

聲請之事實及理由

一、聲請人的○○（請寫明二人關係）張志明於民國○○年○月○日九二一地震後，即未歸返，生死不明《1》。聲請人前曾聲請貴院以○○年度○字第○○號裁定公示催告，並刊登該公示催告的公告在○○○報（○○年○月○日第○版）《2》。

二、現陳報期間屆滿，未見有人陳報，亦無失蹤人的信息。為此檢附該報紙一份，依民法第8條及民事訴訟法第625條、第545條第1項規定，聲請貴院判決如聲明。

此致　　○○地方法院　公鑒

證物名稱及件數：

一、貴院公示催告裁定。

二、新聞報紙乙份。

具狀人：○○○（簽名蓋章）

撰狀人：○○○（簽名蓋章）

中　華　民　國　　○○○○　　年　　○○　　月　　○○　　日

《1》寫下聲請死亡宣告的事實。

《2》聲請死亡宣告前，必須先向法院聲請公示催告。相關規定如下：

【民事訴訟法第628條】 ....

公示催告，應記載下列各款事項：

一、失蹤人應於期間內陳報其生存，如不陳報，即應受死亡之宣告。

二、凡知失蹤人之生死者，應於期間內將其所知陳報法院。

【民事訴訟法第629條】 ....

前條陳報期間，自公示催告最後登載公報或新聞紙之日起，應有六個月以上。

失蹤人滿百歲者，公示催告得僅黏貼於法院之牌示處。

前項情形，其陳報期間，得定為自黏貼牌示處之日起二個月以上。

【因故意犯罪，經判處有期徒刑逾六個月確定】

實·案·追·緝

■ 老公酗酒，她居然休了他？

看到媒體一則「讓幼兒走國道罪難赦，妻休了他」的報導，喝醉了酒，妻子該怎麼休掉老公呢？

讓我們先來看一下，報導中這位老公的惡習：

⊙有多次酒駕、公共危險前科，並曾因此入獄服刑

⊙二次酒醉後，五歲幼子自行下車走路肩

⊙不負擔家計，由妻子出外工作養家

天啊！這種不負責任的男人，真的是不要也罷！

法·令·分·析

喝醉酒，也是會被判刑的。

【 民法第1052條第1項第10款 】.............

夫妻之一方，有下列情形之一者，他方得向法院請求離婚：因故意犯罪，經判處有期徒刑逾六個月確定。

....

若這位老公判刑超過六個月，就可能依此規定判決離婚。

本案中，法官認為：許姓男子沒有負擔家計，要妻子獨力養家，還要常擔心小孩安危，造成精神上的痛苦，逾越夫妻能忍受的程度，已達不堪同居之虐待，適用第1052條第1項第3款「夫妻之一方受他方不堪同居之虐待」，准予離婚。

既然適用第3款，就不需要適用同條第2項「有前項以外之重大事由，難以維持婚姻者，夫妻一方得請求離婚」之規定。

再舉一個例子，劉姓男子結婚27年，近20年來屢犯竊盜、

恐嚇、竊鴿勒贖等案，長期進出監所，妻子感到相當難堪，為了教育下一代「正當謀生」的重要，妻子向苗栗地方法院提請離婚獲准。

舊民法第1052條第1項第10款規定：「被處三年以上徒刑或因犯不名譽之罪被處徒刑者」。劉姓男子的很多行為雖未被判處三年以上徒刑，但仍屬「不名譽之罪」，自然可以訴請離婚。

現行法於96年5月23日修正公布，將本款改為「因故意犯罪，經判處有期徒刑逾六個月確定。」從三年以上，降為逾六個月，但是必須判決確定，如果還有可以上訴的情況，在尚未確定之前，不能作為請求判決離婚的依據。

本款也不再管是否屬於不名譽之罪，因為是否屬於不名譽之罪，很難有一定的標準。例如賭博罪算不算是不名譽的罪，對於主張賭博除罪化者，並不認為是不名譽的罪。

要特別注意者，是時效的問題。有請求權之一方，自知悉後已逾一年，或自其情事發生後已逾五年者，不得請求離婚。

🔨 法律達人的建議

壞男人，總是有人愛。但是，壞男人，真的值得你愛嗎？

王姓女律師為煙毒案被告黃某辯護後，居然愛上了這名毒販，愛情是很難讓人理解的東西。但是當王姓女律師要與毒販分手之際，這位毒販卻傷害了女律師的家人，不但砍傷了其父母，又開車撞她的弟弟。

女人，常常無法下定決心，殘留一段沒有價值的愛情與婚姻，徒留對自己的傷害，善用這條法律規定吧！

【 破綻主義 】

實·案·追·組

■ 我的老公是「超級省錢一族」

春嬌嫁給老公志明後，沒有一天屬於奢華的日子。固然勤儉是一種美德，可是志明的生活實在是太節儉了。

例如，為了省電，吃飯時家中從不開燈，可是屋內實在太暗了，全家跑到馬路旁的路燈底下借光吃飯。除了省電，還省水，平常洗臉刷牙的水，反覆回收使用，這還說得過去，但是沖馬桶的水總無法回收了吧！

志明為了達到省錢冠軍的目的，居然大號在報紙上，包起來丟到垃圾桶中。

春嬌心想，我還要跟這位過著幾近原始生活的「山頂洞人」老公在一起嗎？

法·令·分·析

■ 破綻主義的趨勢

過去離婚是採取「過失主義」，現在則是「破綻主義」，也就是說以前非要有一方有過失才可以離婚，但現在如果男女雙

方發現無法牽手下去，即便沒有誰傷害誰的問題，只是單純地不想再一起了，此時法官就會看夫妻雙方還想維繫婚姻的企圖心有多少？如果都沒有意願，客觀上也有不適合在一起的事實，法官就會判決離婚。相關法令如次：

【 民法第1052條第2項規定 】..

> 有前項以外之重大事由，<u>難以維持婚姻者</u>，夫妻一方得請求離婚。但其事由應由夫妻一方負責者，僅他方得請求離婚。

所謂重大事由有很多狀況，據稱有人收集簽妥離婚協議書一疊，但一直沒有前往登記離婚，最後一方又不願意離婚，另一方則據此主張判決離婚，法院也准了。

■ 分居可以訴請離婚嗎？

分居多年是否算是重大事由？

有些國家分居一定期間後，就算離婚了。但是，我國並未採取分居離婚制度。因此，不要誤以為兩人簽訂分居協議書，三年或五年就算離婚。

不過，目前許多法院認為只要夫妻兩人有分居的事實，且已經不能維持婚姻了，這樣子就可以依據民法第1052條第2項規定，訴請法院判決離婚。

法律達人的建議

「嫁雞隨雞、嫁狗隨狗」，這一句話似乎是形容我國傳統婦女的「美德」。但時代發展至今，若一個婚姻無法帶給雙方幸福，早日分離尋求更合適的另一半，已經為眾人所能接受了。

若你的另一半有很重大的事由，難以維持婚姻的時候，談談看，是否能夠合意離婚；如果不行，那就依據本規定訴請法院判決離婚。

金錢的爭議

【 贍養費 】

實·案·追·緝

■ **為什麼沒有贍養費？**

春嬌與志明結婚照顧家裡多年，當一位稱職的家庭主婦。年近四十，因為家中開銷較大，所以春嬌只好重返職場，找一份二萬多元的工作貼補家用。

工作幾年後，志明突然有了外遇，被春嬌發現了，氣憤之下，訴請法院判決離婚，並主張志明應給付贍養費。

離婚，法院是準了；贍養費，法院卻認為春嬌生活，並沒有因為離婚而陷於困難，不准。

為什麼會這樣呢？

法·令·分·析

■ **贍養費的要件嚴格**

許多婦女認為贍養費是離婚後生活的憑恃。

但是，每對夫妻離婚後，都可以拿到該有的贍養費嗎？

答案恐怕未必。

我國並非判決離婚即可主張贍養費，除了必須「無過失」之外，還必須因為離婚而導致生活困難，相關法條如下：

【民法第1057條 】……………………………………………………

夫妻無過失之一方，因判決離婚而陷於生活困難者，他方縱無過失，亦應給與相當之贍養費。

……………………………………………………

依照我國的制度，恐怕只有得了重病、年紀大無工作能力，或是多年的家庭主婦（夫），才比較有可能爭取到贍養費。

從本文的案例中，似乎感覺法律並不鼓勵外出工作，否則有賺錢的能力，恐怕不會被認為生活陷於困難，而要不到贍養費。

■ 配合其他制度

因此，不必太期待贍養費的制度。

倒是其他制度可以積極爭取，如夫妻剩餘財產之分配、損害賠償等，都可以提供其他維繫生活水準的管道。

法律達人的建議

除了基本法律規定外，當事人常有透過「以刑逼民」的方式，達到另一半給付贍養費或其他費用之目的。

例如當對方外遇、家暴或其他涉及刑事案件時，可以先提出刑事告訴，作為民事賠償、贍養費的籌碼。若對方願意賠償，則可撤回告訴或達成和解；反之，則請對方準備吃牢飯。

【 夫妻剩餘財產分配請求權 】

實·案·追·緝

■ 親密夫妻明算帳

　　甲男、乙女二人結婚，婚前甲有工作收入100萬元，乙結婚時娘家贈與嫁妝50萬元，婚後甲乙均上班工作，唯二人因個性不合兩願協議離婚。

　　甲連同結婚前之工作收入，共有財產計550萬元，其中30萬元係婚後繼承其父遺產所得，20萬元係因車禍受傷取得之慰撫金，乙婚後工作收入連同婚前嫁妝，及婚後好友贈與生日禮金10萬元，共有200萬元，另負債40萬元，請問應如何分配剩餘財產？

法·令·分·析

■ 夫妻財產制分析與比較

　　我國民法將夫妻財產制分成下表的類型，有約定則採約定財產制，沒有約定，則適用法定財產制。

　　以目前實際情況，大多數的夫妻都沒有約定財產制，故本文將以介紹法定財產制為主。

	法定財產制	約定財產制	
		共同財產制	分別財產制
法條	§1004~1015 §1016~1030-4	§1004~1015 §1031~1041	§1004~1015 §1044、1046
夫妻財產分配類型	區分婚前財產及婚後財產。	區分為特有財產與共同財產。 夫妻得以契約訂定僅以勞力所得為限為共同財產。	無。
夫妻財產分配方式	婚前財產各自所有；婚後財產，扣除婚姻關係存續所負債務後，如有剩餘，雙方剩餘財產之差額，平均分配。	特有財產，各自所有。 共同財產，夫妻公有。 共同財產制關係消滅時，除法律另有規定外，夫妻各取回其訂立共同財產制契約時之財產。 共同財產制關係存續中取得之共同財產，由夫妻各得其半數。但另有約定者，從其約定。	夫妻各保有其財產之所有權。
有害婚後財產行為	無償行為，有害剩餘財產分配請求權者，得聲請法院撤銷。 有償行為，行為時明知，受益人亦知有害剩餘財產分配請求權者，得聲請法院撤銷。	無。	無。
債務清償	夫妻各自對其債務負清償之責。 夫妻之一方以自己財產清償他方之債務時，雖於婚姻關係存續中，亦得請求償還。	夫或妻結婚前或婚姻關係存續中所負之債務，應由共同財產，並各就其特有財產負清償責任。	夫妻各自對其債務負清償之責。 夫妻之一方以自己財產清償他方之債務時，雖於婚姻關係存續中，亦得請求償還。

	法定財產制	約定財產制	
		共同財產制	分別財產制
補償請求權	夫或妻之一方以其婚後財產清償其婚前所負債務,或以其婚前財產清償婚姻關係存續中所負債務,除已補償者外,於法定財產制關係消滅時,應分別納入現存之婚後財產或婚姻關係存續中所負債務計算。	共同財產所負之債務,而以共同財產清償者,不生補償請求權。共同財產之債務,而以特有財產清償,或特有財產之債務,而以共同財產清償者,有補償請求權,雖於婚姻關係存續中,亦得請求。	無。
脫產之防止	法定財產制關係消滅前五年內處分其婚後財產者,應將該財產追加計算,視為現存之婚後財產。	無。	無。
婚後財產價值計算時點	以法定財產制關係消滅時為準。夫妻因判決而離婚者,以起訴時為準。因脫產而追加計算之婚後財產,其價值計算以處分時為準。	無。	無。

■ 法定財產制之剩餘財產分配請求權

剩餘財產分配請求權之立法目的,在於肯定家務管理對於婚姻生活之貢獻,故僅以婚後財產方須列入分配。

【民法第1030-1條規定】

　　法定財產制關係消滅時，夫或妻現存之婚後財產，扣除婚姻關係存續中所負債務，如有剩餘，其雙方剩餘財產之差額，應平均分配。但左列財產不在此限：

　　一、因繼承或其他無償取得之財產。

　　二、慰撫金。

　　依前項規定，平均分配顯失公平者，法院得調整或免除其分配額。

　　上開規定，剩餘財產分配請求權之要件約有如下：

　　因繼承或無償取得之財產與本次修法增訂之慰撫金，其取得與婚姻貢獻及協力無關，縱屬婚後取得，亦非剩餘財產分配之對象。

　　夫妻雙方剩餘財產，如有差額，應平均分配；唯如平均分配顯失公平，法院得調整或免除其分配額。

　　通常「房子」是剩餘財產爭奪的重點。一般人都會誤以為，不動產的分配，端視登記在誰的名下，例如老公名下，房子就應該給老公，所以很多女方在結婚之初，就積極爭取雙方所買的房子要登記在女方的名下。懂法律的男性當然就大方地登記給女方，實際上如果老公也有負擔貸款，離婚後也可以要求房子歸他，或分配一定金額。

■ 算算看，你的答案正確嗎？

本案例的答案如下：

⊙甲應列入分配之財產為

550萬(全部財產)－100萬(婚前財產)－30萬(婚後繼承取得財產)－20萬(慰撫金)＝400萬元

⊙乙應列入分配之財產為

200萬(全部財產)－50萬(婚前財產)－40萬(婚後負債)－10萬(贈與取得)＝100萬元

⊙雙方剩餘財產之差額

400-100=300萬

⊙甲應給乙之金額

300÷2＝150萬

我算對了…

| 300萬 | } 150萬 |
| 100萬 |
| 夫400萬 |

| 100萬 |
| 妻100萬 |

| 50萬 |
| 100萬 |
| 100萬 |
| 夫250萬 |

| 50萬 |
| 100萬 |
| 100萬 |
| 妻250萬 |

法律達人的建議

有些女人非常想嫁給企業家第二代或小開，誤以為將來縱使離婚，也可以拿到高額的贍養費，或者是分配到高額的遺產。

實際上並非如此，因為繼承與贈與不需要分配，若婚後財產又沒有多少，這位企業家第二代或小開都是伸手牌，即便小開的父母為了避開遺產稅而每年贈與一些金額，恐怕離婚後，還是無法計算在剩餘財產的總額中，而分不到理想中的金額。

【 夫妻剩餘財產分配之保全 】

實·案·追·緝

▓ 老公，財產怎麼都不見了

春嬌和志明結婚多年，志明為了經商，比較少回家，在外結交了一位女友。志明為了要與女友雙宿雙飛，遂偷偷地將財產移轉到女友名下，作為未來離婚時的準備。

志明金屋藏嬌之事終於東窗事發，兩人終於要準備離婚，可是這時候，發現志明婚後買在名下的五棟房子，怎麼都不見了？

法・令・分・析

■ 剩餘財產分配

　　法定財產制有所謂的「剩餘財產分配」，指的是夫妻雙方在婚前所有的財產仍舊各自擁有，結婚後所取得的財產扣掉負債後，除了繼承與贈與之外，雙方剩餘財產的差額應該要平均分配。

　　相關條文如下：

【民法第1030-1條】

　　法定財產制關係消滅時，夫或妻現存之婚後財產，扣除婚姻關係存續中所負債務後，如有剩餘，其雙方剩餘財產之差額，應平均分配。但左列財產不在此限：

一.因繼承或其他無償取得之財產。

二.慰撫金。

　　依前項規定，平均分配顯失公平者，法院得調整或免除其分配額。

　　第一項請求權，不得讓與或繼承。但已依契約承諾，或已起訴者，不在此限。

　　第一項剩餘財產差額之分配請求權，自請求權人知有剩餘財產之差額時起，二年間不行使而消滅。自法定財產制關係消滅時起，逾五年者，亦同。

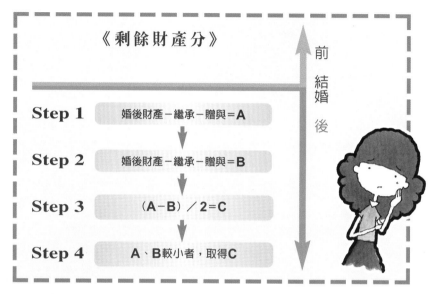

《剩餘財產分》

Step 1	婚後財產－繼承－贈與＝A
Step 2	婚後財產－繼承－贈與＝B
Step 3	（A－B）／2＝C
Step 4	A、B較小者，取得C

前結婚後

■ 脫產之防止

舊制的夫妻財產制規定，剩餘財產之分配往往因為夫妻之一方的脫產，以致於離婚後，另外一半無法分配其應得的財產。

所以，修正後的新法，特別規定防止脫產的條款，其具體之規定如下：

【民法第1030-3條】

夫或妻為減少他方對於剩餘財產之分配，而於法定財產制關係消滅前五年內處分其婚後財產者，應將該財產追加計算，視為現存之婚後財產。但為履行道德上義務所為之相當贈與，不在此限。

前項情形，分配權利人於義務人不足清償其應得之分配額時，得就其不足額，對受領之第三人於其所受利益內請求返還。但受領為有償者，以顯不相當對價取得者為限。

前項對第三人之請求權，於知悉其分配權利受侵害時起二年間不行使而消滅。自法定財產制關係消滅時起，逾五年者，亦同。

若老公動輒送外遇女友昂貴禮物，此種屬於無償行為，有損於妻子的剩餘財產分配；即便是有償的行為，但丈夫與外遇女友雙方刻意計畫掏空家產時，屬於行為時明知、受益人受益時亦知的情況，配偶可以向法院撤銷這些行為。

法律規定如下：

【民法第1020-1條（婚後剩餘財產之分配）】

夫或妻於婚姻關係存續中就其婚後財產所為之無償行為，有害及法定財產制關係消滅後他方之剩餘財產分配請求權者，他方得聲請法院撤銷之。但為履行道德上義務所為之相當贈與，不在此限。

夫或妻於婚姻關係存續中就其婚後財產所為之有償行為，於行為時明知有損於法定財產制關係消滅後他方之剩餘財產分配請求權者，以受益人受益時亦知其情事者為限，他方得聲請法院撤銷之。

【民法第1020-2條 】

前條撤銷權，自夫或妻之一方知有撤銷原因時起，六個月間不行使，或自行為時起經過一年而消滅。

法律達人的建議

「外遇」是婚姻的頭號殺手，當發現對方有外遇跡象時，先不要大吵大鬧，先靜靜地將財產轉移到自己名下，把自己的私房錢藏好。

夫妻間的財務往來，也都要一清二楚，最好都寫契約，將來才不會發生人財兩失的困境。只是一般人恐怕沒這種簽訂契約的習慣，說不定還會因此影響夫妻的情份，但這是保障權益的基本方式。

不過，至少要掌控另一半的財富現況、資金流向，例如幫老公報稅、幫忙提存款、確認遺囑的內容，不要等到錢到流到小老婆身上時，後悔就莫及了。

夫妻間的財務狀況
要弄清楚，以免離婚
時兩手空空。

小孩的爭議

【　監護權之爭取　】

實·案·追·緝

■ 無奈的親子分離

　　現在就讀高三的小惠曾面臨父母要離婚的痛苦抉擇，當時父親主張，如果孩子不歸他，將不負擔孩子的教育費用，一毛錢也不會出。

　　由於媽媽一個月薪水只有四萬多元，要養三個孩子很困難，小芬和弟弟妹妹們最後決定要跟爸爸。

　　雖然與媽媽分離很痛苦，但想到能減輕母親的負擔，還是決定跟著爸爸；但他們答應媽媽將來讀完書，一定會回來跟媽媽住。

法·令·分·析

■ 監護權都會歸父親嗎？

　　依過去的法律，在法院判定上，孩子極大的比例都是歸父親，媽媽要非常努力來爭取孩子的撫養權。不過，關於孩子的監護權，在2002年已經修正，在男女平等基礎上，爸爸、媽媽

都有相同的機會來爭取孩子的監護權。如果是協議離婚，只要雙方談好孩子監護權的歸屬、對方多久可以來看孩子（探視權）、每個月支付多少扶養費用就可以。

■ **法官如何做出監護權、扶養費的判決？**

如果協議離婚不成，則須藉由法院判決。

法院會根據父母親的年齡、職業、品行、健康、經濟能力等背景，以及雙方與孩子的相處情形、父母對孩子成長的計畫等來判決，當然常會尋求專業社工的意見，以及讓孩子表達自己的意願，想要跟爸爸還是跟媽媽，來決定監護權的歸屬。

但不管孩子跟爸爸或是媽媽，父母雙方仍要共同負擔孩子的扶養費，只是雙方費用分擔多寡的問題。不過，如果遇到對方就是不想出錢，可以打官司來強制解決。

法律達人的建議

法院在孩子扶養費的判決上，通常是每個月至少支付孩子生活開銷八千元以上。即使未能取得子女的監護權，仍然要負擔扶養的費用，這可是一筆可觀的費用。

但是若取得監護權後，常見的問題就是誰來照顧？

如果家裡有父母或其他親人可以幫忙照料，那問題還不大，如果都沒有，較小的小孩就必須請保母照顧，保母的費用也是一筆可觀的開銷。以下列出基本費用，作為決定時的參考：

未取得監護權 分擔扶養費用	取得監護權 親人協助照顧	取得監護權 聘請保母
一名小孩， 8,000以上 二名小孩，16,000以上	無	半日：12,000～25,000元 全天：20,000～28,000元

單位：每月

【 監護權之放棄？ 】

實·案·追·緝

■ 這對狠心的父母，有…種…就別生

　　蔣男在大學畢業前，將同校金姓女友肚子搞大了，金女只好休學產女，兩人也奉子成婚。

　　後來蔣男服役之際，可能被操到轉服職業軍人，遂因此不常在家。金女因為婆媳相處問題，選擇搬家分居。兩人的小孩則委由保母24小時看護帶大，連女兒都以為保母才是自己的媽媽。

　　之後，雙方訴請離婚，但男方表示是職業軍人，女方表示要復學完成學業，所以雙方都不願意肩負起小孩的監護權。甚至於還在法官面前表示，「願意放棄教養保護未成年子女的義務行使，能否將監護權給第三人？」

　　自己的孩子不照顧，連禽獸都不如，還交給第三人？

　　不知這兩位父母要將女兒交給誰養？國家？還是法官？

⊙ 遺產沒人要，可以歸屬國庫（民法第1185條）。但是，沒聽過小孩沒人要，可以歸國庫。

⊙ 法官，如果每個當事人都交給法官撫養，一天如果判一個案件，一年就可以有365個小孩了，閏年還可以加一個，法官的薪水還真的要增加了。

🔍 法·令·分·析

針對本案，當然總得有人要負責任。還好，現行民法基於保護小孩子的立場，讓法官得以介入。請參考下列法條：

【 民法第1055條規定 】 ....

夫妻離婚者，對於未成年子女權利義務之行使或負擔，依協議由一方或雙方共同任之。未爲協議或協議不成者，法院得依夫妻之一方、主管機關、社會福利機構或其他利害關係人之請求或依職權酌定之。

因此，法官最後審酌雙方經濟家庭情況，決定由男方取得監護權。看來，女方可以無憂無慮地去唸書了。

真是，天下…父…母…心？

對於特殊情況，法官還是可以選定適當之人為子女之監護人。規定如下：

【民法第1055-2條規定 】

父母均不適合行使權利時，法院應依子女之最佳利益並審酌前條各款事項，選定適當之人為子女之監護人，並指定監護之方法、命其父母負擔扶養費用及其方式。

所謂「不適合行使權利」，通常是指父母可能精神狀況有問題、身體狀況不佳、吸毒等特殊情況，為了小孩子的權利，以不擔任子女監護人比較適當。

法律達人的看法

本案，這一對夫妻似乎好手好腳的，並沒有本條情況。不過，若筆者是那位法官，可能會選定適當之人為子女監護人，然後要求這對父母支付「高額」的扶養費用。

【 改定監護權 】

實·案·追·組

■ 愛蜜莉改定監護權事件

台灣籍的阮玫芬原是媒體記者，86年9月間到美國紐約讀書，畢業後在美工作，認識凱瑞，兩人交往並發生關係，阮女懷孕，十個月後生下一名女嬰，但要求結婚時，才發現凱瑞已婚。

　　阮女一怒之下，帶著女兒返回台灣，女兒從母姓，並領有中華民國護照，阮女回台後毅然斷絕與凱瑞的聯絡。女童的生父凱瑞向紐約法院報案，同時進行監護權官司，紐約法院發布協尋通知。因台籍生母並不知情無法出庭，該案遭美國法院缺席判決女兒監護權歸生父。

　　凱瑞在美國的官司勝訴後，以美國法院判決，向台中地方法院聲請交付子女。去年五月，凱瑞會同律師和法官，一行人來到公寓四樓保母家，出示強制令後，堅持要帶走小女童，不管女童生母阮女如何苦苦哀求，女童父親態度強硬，在律師的幫忙阻擋下，硬是帶走女童，並到美國在台協會辦理一本臨時的美國護照。

　　生母一路追到機場，因美籍父親替女兒申請的是臨時外國護照，而小女孩當初入境持用的是中華民國護照，要持沒有入境許可的外國護照出境，並不符我國國籍法規定，航警不准許小女孩出境。阮女為了爭取女兒監護權，聲請假處分，要求凱瑞暫不得將女兒帶出境獲准，她隨即提出改訂女兒監護權之訴。

法·令·分·析

■ 假處分

　　首先，小女孩雖持有美國護照，但沒有入境許可出境，違反我國國籍法之規定而一時無法出境。因此，很幸運地，阮女有時間聲請假處分，要求男方暫時不得將女兒帶離國境。

什麼是假處分？

是債權人為保全金錢請求以外之請求，或就爭執法律關係，為防止發生重大之損害或避免急迫之危險或有其他相類之情形而有必要時，得聲請為定暫時狀態，法院以裁定強制或禁止債務人為一定行為的程序。

【民事訴訟法第579條規定】

法院對於未成年子女權利義務之行使或負擔，得依聲請或依職權命為必要之假處分。

法院命為前項假處分時，準用第五百七十五條之一之規定。

因此，禁止男方帶女兒離境，就屬於禁止為一定行為的程序，得向法院聲請假處分。不過，假處分的動作要快，以本文的案件為例，當出境手續辦完，就來不及了。

■ 假處分之訴狀範本

《 民事子女假處分聲請狀 》

案號：○○年度○○字第○○○號

股別：○○股

聲請人：○○○　住居所：○○○○○○

　　　　　　　　聯絡電話：○○○○○○

相對人：○○○　住居所：○○○○○○

　　　　　　　　聯絡電話：○○○○○○

為聲請假處分事：

聲請事項

一. 聲請人與相對人於○○年度○○字第○○號聲請改定監護人之裁定確定前，兩造當事人所生子女○○○之權利義務，暫由聲請人行使及負擔。

二. <u>聲請費用由相對人負擔。</u>《1》

事實理由

一. 聲請人與相對人於○○年○○月○○日結婚，生下子女○○○，惟被告性喜玩樂，從未善盡照顧子女之責，實際上均由聲請人負教養之義務。今相對人為向被告強索錢財，遭聲請人斷然拒絕，渠竟以監護權為要脅，欲將小孩帶離聲請人身邊，以達到強索錢財之目的。（參照證物一）《2》

二. 相對人有多次吸毒前科，且目前仍在戒治期間，況且多年來均未有盡教養之責，且未負擔任何扶養費用，為子女○○○之最大利益為考量，實不宜由相對人負教養子女之責任。《3》

三. 聲請人已向貴院提起改定監護人之訴，於裁定確定前，請求法院為聲請事項之假處分。

此致　　○○○○地方法院家事法庭　公鑒

證物名稱及件數：

一、○○年度○○字第○○號改定監護人裁定聲請書乙份。

具狀人：○○○　（簽名蓋章）

撰狀人：○○○　（簽名蓋章）

中　華　民　國　　○○○○　　年　　○○　　月　　○○　　日

《1》聲請假處分之費用為1,000元。

《2》寫下訴請改定監護權裁定之理由。

《3》寫下應該暫時由聲請人負擔監護子女○○○之理由。

■ 改定監護權之訴訟

假處分，只是暫時讓男方及小孩子無法離境，接著就起訴改定監護權，由法院決定是否可以讓監護權歸屬女方。

【民法第1055條第3項】..

> 行使、負擔權利義務之一方未盡保護教養之義務或對未成年子女有不利之情事者，他方、未成年子女、主管機關、社會福利機構或其他利害關係人得為子女之利益，請求法院改定之。

....

台籍女子阮玫芬與美籍前男友凱瑞爭取女兒愛蜜莉監護權案，雖然美國法庭將監護權判給生父，但台北地方法院審酌聯合國兒童權利公約中的規定，強調法院審理未成年子女權利義務事件時，保護未成年子女的最大利益為普世原則，我國法院不但有權審理此案，且同樣以此為原則。

😎 法律達人的建議

實務上還有常見的改定監護權的官司，舉例如下：

■ 違反監護人保護教養之義務

⊙老爸(監護人)離婚後就跑不見了(板院88年家訴第2號)

⊙老爸(監護人)離婚後就將子女交給老媽照顧(北院92監字第73號)

■ 家庭暴力

⊙長期不當管教子女

⊙監禁子女

■ 不利子女成長之環境

⊙每天賭博(北院91監字第234號)

⊙開色情行業

　　若有上述情況，基於子女之保護，法院准予改定監護權，並沒有什麼爭議。一般女性在離婚之際，雖然沒有取得子女的監護權，但是若有一些特殊情況，影響子女的權益時，就可以提起改定監護權的官司。

碰到上述情況，可以提起改定監護權的官司喔！

國家圖書館出版品預行編目資料

愛情福利社：25個愛情法律麵包／錢世傑作.
-- 第一版. -- 臺中市：十力文化，2008.04
面；公分
　ISBN 978-986-84236-0-2（平裝）
1.婚姻法　2.兩性倫理
584.41　　　　　　　97003950

圖解法律系列　S802

愛情福利社 25個愛情法律麵包

作　　　者	錢世傑
責任編輯	林子雁
封面設計	陳鶯萍
插　　　畫	劉鑫鋒
行銷企劃	黃信榮

發 行 人	劉叔宙
出 版 者	十力文化出版有限公司
地　　　址	台中市南屯區文心路一段186號4樓之2
電　　　話	(04)2376-6788
網　　　址	www.omnibooks.com.tw
電子郵件	omnibooks.co@gmail.com

印　　　刷	通南彩色印刷有限公司
電　　　話	(02)2221-3532
電腦排版	陳鶯萍工作室
電　　　話	(02)2357-0301

ISBN　978-986-84236-0-2

出版日期	2008年 5 月 1 日
版　　　次	第一版第一刷
定　　　價	320元